东洋史与西洋史之间

［日］饭塚浩二 著

张晶 黄博典 译

新 星 出 版 社　NEW STAR PRESS

TOYOSHI TO SEIYOSHI TONO AIDA
by Iizuka Koji
©1963,1970 by Sawako Ishii
Originally published in 1963 by Iwanami Shoten, Publishers, Tokyo.
This simplified Chinese edition published 2023
by New Star Press Co, Led., Beijing
by arrangement with Iwanani Shoten, Publishers, Tokyo

图书在版编目（CIP）数据

东洋史与西洋史之间 ／（日）饭塚浩二著；张晶，黄博典译 . -- 北京：新星出版社，2023.2
ISBN 978-7-5133-5136-2

Ⅰ.①东… Ⅱ.①饭… ②张… ③黄… Ⅲ.①世界史-研究 Ⅳ.① K107

中国国家版本馆 CIP 数据核字（2023）第 012698 号

东洋史与西洋史之间

[日]饭塚浩二 著；张 晶 黄博典 译

责任编辑：高晓岩	**责任校对**：刘 义
责任印制：李珊珊	**装帧设计**：冷暖儿

出版发行：新星出版社
出 版 人：马汝军
社　　址：北京市西城区车公庄大街丙3号楼　　100044
网　　址：www.newstarpress.com
电　　话：010-88310888
传　　真：010-65270449
法律顾问：北京市岳成律师事务所

读者服务：010-88310811　　service@newstarpress.com
邮购地址：北京市西城区车公庄大街丙 3 号楼　　100044

印　　刷：北京美图印务有限公司
开　　本：787mm×1092mm　　1/32
印　　张：8.375
字　　数：100千字
版　　次：2023年2月第一版　　2023年2月第一次印刷
书　　号：ISBN 978-7-5133-5136-2
定　　价：58.00元

版权专有，侵权必究；如有质量问题，请与印刷厂联系调换。

"有邻"丛书
发现不同视角下的中国

中国主题图书出版联盟策划出版。2018年，联盟由新星出版社策划并联合岩波书店、日本大学出版部协会共同发起，旨在集合中日出版界中坚力量，打造联合、开放、包容的出版平台，鼓励以多种方式策划出版中国主题图书，并在中日两国出版发行。

中国·新星出版社

日本·岩波书店

日本·大学出版部协会

日本·东方书店

作者的话

本书因所选主题性质所致,涵盖范围必然较广,不论论点还是取材都涉及众多方面,问题的处理方法和论述方法也都尽作者所能做到全面多样。本书广义来说是一本历史书,但也可以说是社会经济史参考书或人文地理学课外读物,抑或是当作私家文明论来读也未尝不可。

我们在世界史、西方史、东方史或其他类似的课程名目之下学习,这样的学习不断重复,已然在我们的脑海中形成了一套广泛常识化的既定知识体系。说这是因循守旧,不免有谩骂之嫌,然而我们甚至在提出问题和解答问题的方法上,都存在权且用之的固定套路。上一代人认为这些知识和套路令人信服姑且可行,于是它们便成了必须留传给我们的文化遗产。

不幸的是,本书的写作是从对这套既定知识体系和思考方法的质疑出发,尝试重组这套既定体系。对于这些留传下来的遗产，尤其是"舶来"的部分以及自明治"文明开化"以来长期靠模仿舶来品赶制的部分，我们都心知肚明，但事实上，需要重新推敲的案例数量之多出乎意料。但仅凭一句出乎意料无济于事，我们真正应该追问的是，这套既定知识体系和套路所规定的思考方法，究竟是在怎样的历史情境下形成的？

这项工作，在寻求读者支持之前，首先是一项解决作者自身尚未觉醒时所依赖的固定观念的工作。直到今天，我才自认为解决了这一问题，我希望下一代中能有非凡之辈接过接力棒，这才决定让如此内容的一本书问世。然而，在三十年前我的留学时代开始以前，本书大部分记载或尚未形成于脑海，或是以与现在不同的逻辑写入脑中的。有些部分直到二十年前、十年前，最令我震惊的是，直到校正的时候都尚未注意到漏洞的存在而听之任之。没有谁能保证做到某种程度就万事大吉胜负已定。反言之，这项工作也必然意味着，和三十年前或直到最近的笔者本人一样，诸位读者也不得不与一群曾经相处融洽的先入观念或学术常识为敌。诸位若能以恍然大悟之姿听进这番话自然甚好，但我以为至少到最初的偏见解开之前，是很需要一番顽强抗争的。

如目录所示，构成本书核心的是第一部，该部以概论的形式对问题进行了系统的整理。刊载于东京帝国大学附属东洋文化研究所《纪要》的旧稿写于1956年春，从产生疑问到完稿的近四分之一世纪的岁月中，四处碰壁，终于得出如此结论。本书的一个焦点是地中海史，另一个是东西贸易。为了避免诸位因本书内容与迄今为止人们所相信的世界形象相去甚远而对本书敬而远之，请看在我自卖他夸的分上，允许我将彼岸东方学专家传来的信件附记于此。1959年年末，IsMEO（意大利中东远东研究院）朱塞佩·图齐院长致信从未谋面的笔者，称最近回国饶有兴味地阅读了《纪要》论文，"The subject is so expertly treated(这个课题处理得非常巧妙)"。虽说有客套的成分在，但某种程度上也说明，本书没有明显的判断错误或重要数据上的疏漏，诸位读者可以放心阅读。不过，这次补充的记载导致第一部与旧稿相比体量几乎翻倍——除第二章分为三小节进行增补外，其余主要以加注的形式写成——这一部分评价如何，还要看诸位读者信服与否。

　　第一部的关注点集中于东方即地中海地区，但存在于东方史与西方史之间不止这一个地区。俄罗斯如此，成吉思汗帝国亦如此。按照原计划，第二部同样是对《纪要》中以俄罗斯为对象、论述基辅时代俄罗斯与拜占庭之间关系的旧稿《俄罗斯与"东方"的交流》（一）进行增删后重新刊用。第三部《世界史与游牧民族》原本是这篇旧稿的第二部（但原稿、校样都在排版时烧毁于战火之中）的副产品，读者若能将两部分一起阅读再好不过。不过，要明确本书第一部的论点，东方即地中海地区，至少东西半球大事件高光舞台时期的西西里是天造地设的论述对象，不仅如此，如若对其置之不理必将失之偏颇。这一思考以如今的形式呈现了出来，但为了让位于新增的第二部，本应收录的《俄罗斯与"东方"的交流》及第四部之后的方法论作品《历史的推动力——能视其为历史学课题的社会的形成》二篇，只能在此割爱。

此外，至于欧洲文明的直接前辈，所谓"光自东方来"之代表的伊斯兰世界，本书除收录"东方始于比利牛斯山"作为第二部的附录外，无其他正式论述。手头正好有《文艺春秋》的读者，请参看笔者1962年12月号的投稿《一千零一夜——异彩纷呈的民间故事、民间故事的异端分子》，可作为第一部、第二部及后续第三部的通用参考。

西西里的专题论文终于在去年年末完成了。本书第三部写于战争结束前一年，原稿在战火中幸免于难，只将假名拼写改成了战后的形式，之后一度收录于单行本《世界史中的东方社会》。该书十几年来一直处于绝版状态，偶有热心人士前来打探，却也未能予其一读。该书出版时，我对当时新锐东方史学家前田直典君满怀期待，相信他能处理好出版善后事宜，可令人惋惜的是，他还未以东大讲师的身份站上讲台便驾鹤西去了，而这篇旧稿要完成其使命尚任重道远。我个人对这篇论文也尤为难舍，因此保留最初的形式于此再度起用。吉田翁①在过去的半个世纪里、成吉思汗的蒙古在过去的七个世纪里蒙受不白之冤。诺曼人则更长一些，具体情形请参看"诺曼人的西西里"。

第四部本质上也是对通行说法的批判，但更像失物招领式的史实记载。最近，在枪械方面，我读到明代中国以上疏形式写于文禄庆长之役后（中国万历年间）的《神器谱》（不过非原本，乃玄览堂丛书本），以及到文化五年（1808年）前后附以忧国忧民之序文将其介绍到日本的复刻本，于是又萌生了许多欲添写的内容，但本书初校既已完成，这些内容便留作日后待刊。

书中插图都是我从留学以来不知不觉积攒起来的材料中挑选出来的，有些是促使我写成这本强词夺理之书的契机，有些令我想到"百闻不如一见"这句俗语，还有些我以为读者一见也会耳目一新。

---

① 1913年一起冤案的主人公，被污蔑为杀人犯，半个世纪后才沉冤得雪。——译者注

前年急行军般的非洲旅行给我造成了极大的肉体损耗，而我却对此不以为意，导致去年不得不早早放下工作而忙于照料自己的身体。而这时，又因伊斯兰与北非关系之故，我想先整理完有关西西里的一些个人见解。正是因为这两件事情，本书的公开出版比预计的日期晚了整整一年。如今终于卸下重担，我倍感轻松，在此谨向这一年间无微不至地助力本书编辑出版的岩波书店的松村先生、古庄先生，以及担任收尾工作的石崎先生致以谢意。

一九六三年三月初

笔者识

目录

第一部　东洋史与西洋史之间
　　——世界史与世界地理的交涉
　　一、所谓"已知世界的扩大" ……………………… 3
　　二、单一的世界，复数的世界 …………………… 11
　　三、东方即地中海世界与欧洲地位的变迁 ……… 39

第二部　阿拉伯的西西里，诺曼的西西里
　　——东方即地中海文化史的缩略图
　　一、阿拉伯的西西里 ……………………………… 81
　　二、诺曼的西西里 ……………………………… 103
　　【附录】"东方始于比利牛斯山" ……………… 147

第三部　世界史与游牧民族
　　——以成吉思汗霸业为中心的人文地理学考察
　　一、"时间"是最高的审判官吗？ …………… 161

二、视蒙古为蛮族之论调 167

三、沙漠的交通地理意义 175

四、游牧民族战斗力的构成 185

五、他们是破坏性的吗? 193

六、他们得以利用的文化水平 201

七、游牧民与商队商业的结合 211

八、作为商路治安维持者的蒙古政权 218

第四部 西方古地图上的"日本士兵"与东西佣兵队

一、作为火枪手的日本佣兵 229

二、被遗忘的兵器 234

三、效力他国"灵魂之伟大"与"献身之无数" 240

四、被贩卖的士兵 246

五、不宜作教材? 251

第一部

东洋史与西洋史之间
——世界史与世界地理的交涉

一、所谓"已知世界的扩大"

东洋史与西洋史之间——这是一个虽已确定,却不知如何着手的题目。不论何时提笔,总觉缺乏底气,感叹自己准备不够充分。这绝非我逃避写作的借口。中国史、印度史不是西洋史,从这一意义上来说,将两国放到东洋史框架内叙述并无不妥。不过谈到西亚的历史,即便抛开那段希腊化时代不说,也无法将其与地中海地区的历史割裂开来。毋宁说,它是地中海地区历史中的重要一块,是不可或缺的组成部分。长久以来,地中海地区史似乎都被放到西洋史、欧洲史框架内进行叙述和讨论,也许是因为它偏安一隅,系欧洲大陆的从属部分吧,当后世欧洲占据话语权的绝对高地时,地中海地区,甚至广义上的东方即地中海世界史,都在世界史的叙述中,被以旧酒装新瓶,强装进了欧洲史中。例如拜占庭帝国——一个既流放于东洋史外,又如继子般不受西洋史待见的国家,伊斯兰文化圈——一个被西洋史昭然描述为入侵者,在东洋史中亦无甚笔墨的文明,我们该如何去界定它们在世界史中的地位?

如上所述,问题诸多。这一系列问题恰好卡在东洋史和西洋史"之间",故只能以此命名。这也是我在开头说自己缺乏底气的原因,绝非推托之词,仅靠我一人的力量,着实是杯水车薪。最困难的地方在于,史学观点上存在的分歧还未得到系统整理,不少分歧作为分歧本身还未被人所认知。这种现象极为普遍,由此带出了很多本可避免的混乱,留下了意想不到的真空地带。以上列举的一系列问题之所以成为当前的问题,大抵也出于此由。有道是不想引火烧身,就不要多管闲事。然而倘若恪守此理,模糊的地方和偏颇的分析便永远无法得到修正的机会。这只会纵容一方阵营毫无理由地自命不凡,助长另一方阵营无从述说的自我丧失。相反,当我们从新的角度去重新审视——对过去的研究方法做出改变时,或许很多问题可迎刃而解。而一些在不同专家的专业视角看来不足挂齿的边角信息,反而可能大有所用,成为强化一个知识体系的关键碎片。因此,本书的目的在于:通过将笔者自身的所思所想献丑于诸贤案前,为各位专家彼此交流、共享潜在资源——不论与该历史相关或当下认为无关的内容——提供一个良好的契机。有言道"自然讨厌真空",但在学问上,真空地带只要未曾被发现,就不可能去填补。至于如何去填补,只能等真空地带被发掘之后再想了。

为了避免论述陷入虚空,我想就"史学观点上的分歧"这一点举个浅显的例子。前几年,日本从法国引进一本科普读物,名叫《海的发现》,原著作者是卢内·勒让德,曾先后担任孔卡尔诺临海实验所所长、巴黎海洋学研究所教授。据译者加藤猛郎先生介绍,作者以"明晰的论述、深厚的涵养、正确的思考和流畅的文体,从事《自然》杂志的编辑长达四十年,自身也用不同的笔名或匿名方式,为科学类期刊撰写文章"。因此我们可以将这本书作为参照,去看作者所具备的西式的"深厚涵养",看学界通用常识的质量到底如何。这绝非找茬。著作的其中一节写道:

"中世纪前半期,也是斯堪的纳维亚人和阿拉伯人通过航海活动,将已知世界进一步扩大的时期。斯堪的纳维亚人先于哥伦布五个世纪到达美洲北部,阿拉伯人则在东方发现了不同于地中海社会的印度及中国人种、习俗、宗教和文明[1]。"

西洋人似乎总是如此理直气壮地叙述历史,对此日本的读

---

[1] 引用加藤译文,白水社,第400页。紧邻该段之前的部分如按照译文,会导致读者对时代前后顺序和因果关系产生严重的误解和混乱,故放弃引用。——本书除注明译者注外,均为作者原注

者也欣然接受。然而仅从《海的发现》这个题目便可知,所谓"将已知世界进一步扩大",是偏向某个地域、从特定立场出发而进行的表述。"已知"和"未知",是双方在初次见面时一方对另一方的判断,因此将自己的视角置于哪一方,会让用词的得当与否发生颠覆性逆转。它和原子世界对人类来说不再未知是一个道理。一直以来不曾交涉的世界——即并非加定冠词的单数形式,而是用复数形式称呼的世界——因危机四伏的航海活动、富有野心的商人的积极斡旋而发生交涉,在不设相对立场的情况下,轻易冠之以"已知""未知""发现"等字眼,这无论如何都不能算是经过学术考究的用词。更吹毛求疵一些,"已知的世界"这一表述本身也涉嫌重复,毕竟除了自己"已知"的领域之外,不存在其他的自己的世界。总之,这绝不是能直译过来,原封不动地适用于其他"世界"的用词。

还有一点无法忽视,包括卢内·勒让德在内的当今西方人的一般用语中,将东方即地中海世界直接看作欧洲人的世界,发生了所谓以旧酒装新瓶的立场上的混乱。这一问题关系着世界史的重构,具体在第三章中论述。

另外,与上一问题相关联,以《海的发现》的作者为代表,当今西方人在描述阿拉伯人、伊斯兰裔商人的活动时,往往会以"中世纪上半期"来形容他们所处的时代。

正如马克·布洛克①（Marc Bloch）所提醒的，"鉴于其遥远的起源，中世纪一词本身就具有中世纪的色彩。它属于十三世纪之后魅惑了众多不安灵魂的、半异端性的预言主义词汇。耶稣的降生给古代法画上休止符，但那时还未建成神的王国。因此在向祝福之日努力奔赴的现在，是中间的时代（medium aevum）。之后，这一颇具神秘感的词汇为早期人文主义者所熟识，并进一步传播到世俗社会。……十七世纪末，专业撰写入门书籍、为人谦逊的德国学者克里斯托弗·凯勒（Christophe Keller）在其普遍史著作中，将蛮族入侵到文艺复兴为止长达千余年的时期贴上中世纪的标签。其中缘由不得而知，但在欧洲，特别是法国历史的叙述中，这种说法自基佐（Guizot），米什莱（Michelet）时代起便正式确立②。"

"蛮族入侵到文艺复兴为止长达千余年的时期"为"中世纪"，这句话并非就东方即地中海地区而言。它指在埃及、叙利亚、腓尼基、希腊、罗马你方唱罢我登场、地区间商业活动持续繁荣的背景下，被地中海这一流光舞台拒之门外，还处于自给自足农村社会、蜷缩于壳子之内，像马赛克般模糊

---

①马克·布洛克（Marc Bloch, 1886—1944），法国历史学家。——译者注
②马克·布洛克：《历史学家的技艺》（1952），第91页。参照赞井铁男译《为了历史的辩白》（1956，岩波书店）第149、150页。

不清的欧洲的中世纪。如果再加以限定,这里的欧洲不在阿尔卑斯以南,是在地中海地区看来处于"阿尔卑斯彼方"的欧洲。后世的欧洲人既然屡屡提出"东洋"的"停滞"问题,那么也理应将长达几个世纪的自己的"停滞"予以正视。中世纪的"西洋"是一个权威主义的世界,墨守成规的世界,是每一天都要合掌祈求次日好运的世界[①]。它即便称得上是一个蜷缩于"已知"的世界,也决不具有发挥主观能动性,促使自身"扩大已知世界"的性格。与"近代"欧洲形成鲜明的对比,"中世纪"欧洲则是一个"黑暗的时代",抱有这一印象的不仅限于后世的人文主义者和文艺复兴人士。

"蛮族入侵到文艺复兴为止"的"蛮族"不光指匈奴人和汪尔达人。它首先指称的是将帝国引向瓦解的日耳曼蛮族,及在历史时代划分中将"中世纪"予以规定、与之血脉相连着的"近代"欧洲人的祖先们。

而在"蛮族"社会的"中世纪",阿拉伯人活跃于海陆交通,建立了广泛的地域交流,充当着斡旋地区间大宗商贸往来的中坚力量。这一阶段,他们活跃的身姿不仅出现在地中海,还远及红海、波斯湾、印度洋、马六甲海峡的东海域。在陆路上,

---

[①] 保罗·阿扎尔:《欧洲思想的危机》(1935),参照饭冢《日本的精神风土》(岩波新书)第200页。

他们掌握着从北非大西洋沿岸到埃及、西亚，再到位于内陆的中亚之间的沙漠商路。从"世界性"意义上来说，这一时期的世界史上，超越地区、超越民族，名副其实地担任世界文化旗手的，不是作为"蛮族"的欧洲，不是以基督教为教旨的人们，而是阿拉伯，是以伊斯兰教为教旨的人们。倘若要在卢内·勒让德的那段话上进一步附言，我想说，斯堪的纳维亚人横跨北大西洋，在格陵兰岛、北美留下足迹，阿拉伯人东行，这两者在表面上看来，都是进入未知的海域或登上不曾染指的大陆，但从经济史意义，或给整个文化史带来的影响力来看，二者远不可同日而语。

"中世纪"前半期也好，后半期也罢，就像天动说一样，划分时代的方法存在着本末倒置的问题。正如刚刚列举的"已知"和"未知"，倘若要用具有普遍意义的尺度去衡量遥远的过去，且非要用具有相对意义的词汇进行表述，那么该尺度本身应代表当时世界的先进文化，这里即伊斯兰文化一方。然而现实是，这一尺度反而落在文化落后、从属于旧罗马帝国的欧洲"蛮族"一方。

卢内·勒让德的《海的发现》正是欧洲作者为欧洲读者量身打造的一本书。尽管在第三者看来，海的"发现"和最低限度的说明部分的世界史素描让人不禁蹙眉，但我们大体可把它看作现代或近代欧洲人执拗于此的一个萌点。事实上，将世界各地串联起来的工作，过去的阿拉伯人只做到一半，最终完成这项任务的不是别人，正是"近代"的欧洲人。

我手头碰巧珍藏着一本斯普伦格尔（Mathias C. Sprengel，哈雷大学历史学教授）的《重要的地理发现史》（1542年葡萄牙人抵达日本前最重要的地理发现史）。如书名所示，该书将地理发现史的终结定于葡萄牙人抵达日本之时。不是别的国家，正是我们日本在西历公元十六世纪时被欧洲的某个国家"发现"。"发现"这个词本就用于描述此类性质的事情。因此不论是《海的发现》抑或是其他，这些作品在作为"译著"供我们日本人阅读时，没有什么可值得抱怨的。然而，倘若和那些服从于惰性的欧洲原作者秉持相同立场，日本人也谈什么"地理发现"，抑或是将以欧洲为主体的世界史当作普遍通用的世界史，那无论如何都不能说这是日本人的可爱之处。

二、单一的世界，复数的世界

前面我提到了"并非加定冠词的单数形式，而是用复数形式称呼的世界"。在这里，我无意抓着欧洲以自我为中心的思想不放，写这本书也不是为了抱怨以欧洲中心论为前提的"天动说"式的理解世界史的方式。"中世纪"这一惯用词"正式确立"于十九世纪，现在采用的世界史记叙方式和用语亦形成于十九世纪，且这一过程不可避免地发生在欧洲。因此，既成的方式和用语也相应带着十九世纪＝欧洲的地方性色彩（这里的地方不仅限于空间，还适用于对时代的限定）。但在十九世纪早已飞逝、二十世纪过去一半，历经两次世界大战后的今天，我们有必要对一直以来记述世界史时所使用的惯用词——它就像新生命破壳而出后仍沾在身上的蛋壳碎片——予以普遍的关注。

为明确起见，我举一个具体的例子。有一部由法国历史学界重量级学者阿尔方（Louis Halphen）和萨格纳克

（Philippe Sagnac）主编、名为《民族与文明》(*Peuples et Civilisations, Histoire Génerale*)的丛书，共计二十卷，干货满满，读来让人醍醐灌顶。其中第五卷《蛮族们——从大入侵到十一世纪的土耳其征服大业》(*Les Barbares, des Grandes Invasionsaux Conpuêtes Turques du XI siècle*, 1948)由阿尔方教授亲笔书写。下文引用其开头三行。

L'histoire des sept siècle sétudiés dans ce volume est dominée par un fait devant l'importance duquel tout le reste s'efface：la mainmise des Barbares sur le monde.(在该卷所描述的七世纪的历史中，有一个事实如此重要，以至于和它相比其他一切都黯然失色。这便是蛮族们压制世界，它成了这段时期的主旋律。)

如上所示，"世界"是"le monde"，用了单数形式加定冠词。也就是说，"世界"独此一个，没有其他。然而，压制世界的蛮族"Barbares"的首字母却是大写。它专指公元二世纪到三世纪间曾入侵罗马帝国，在罗马帝国分崩离析后盘踞于此建立国家的日耳曼、斯拉夫、哥特等"蛮族"。阿尔方所说的"le monde"，不过是一个允许这些蛮族进行争霸的"世界"，但实际上，它只是欧洲、毋宁说是罗马教会的西方（Occident）的"le monde latin"。倘若把它当作全世界或是唯一的世界，先不提西半球的各国，这意味着我们甚至忽略了印度、中国……不，这些国家的存在本身都被抹煞了。曾经的阿拉伯人文运昌盛，伊斯兰文化的缔造者们不仅在簿记、航海、美术等应用性领域做出贡献，还在实验科学、数学、神学领域直接影响了欧洲，如果把他们都算作"Barbares"，那真是大错特错。同样，省去限定词"latin"的"le monde"本身在严格意义上也是错误的，对此当今的欧洲历史专家们不可能没有发现。而之所以仍然大行其道，归根结底是出于一种习惯——它早已经成了惯用词。

但这并不意味着我们要向已经固化的用语妥协。作为写作出书之人，不论其研究专长是什么，都不能在世界史的把握上放任自己的惰性。

就在离我们不远的时代，欧洲靠西的部分爆发了一场名为工业革命的历史剧变，由此揭开了"世界欧洲化"的序幕。在这一过程中，近代欧洲视角发生了显著的跨境现象，正是该现象使我们当今在理解世界史时产生了前面所说的混乱。至于如何去刻画世界史的骨骼，以实现与世界地理的对接这点我已说过很多遍，下文再重申一次。我们的步骤是：明确亟须解决的问题，将应该予以重视实则被忽略的所有问题加以梳理，在此基础上，明确问题的依据。这也是从人文地理学立场，思考该对历史领域的专家提出什么问题时，应该具备的前提。

此外，在梳理用语上的混乱和立场上的龃龉时，有一点必须切记，地名特别是地区名具有相对性，且随历史发生变动。例如，今天的非洲指包括撒哈拉沙漠南北在内的整个大陆，过去则局限于北非地中海沿岸的一小部分，仅指迦太基这一港口商业城市的港口附近地区。用语不会无端变迁，这是一个非常重要的研究课题，也必须是一个重要的研究课题。

1. 地区名的变迁

在地中海沿岸的罗马帝国确立其霸权地位时，非洲大体指今天的突尼斯或其北部，或者指从毛里塔尼亚一直到的黎波里塔尼亚之间的行政区划。然而该地名是否在布匿战争之前就有，且不仅在古罗马人之间通用，在希腊人之间也通用呢？关于这点我想向精通古文献的专家求教。不过答案大概是否定的。据我所知，希罗多德（约前484—前425年）的《历史》一书中并未出现非洲一词，反而以"希腊人和爱奥尼亚人都认为地球由欧洲、亚洲和利比亚三大块构成[1]"为

---

[1] 青木严译，参照第一卷（1940年，生活社）第145页。

由，将利比亚也和亚洲、欧洲一样看作是大陆名。此外，他在著名的腓尼基人环行非洲一篇中如是道："他们说环绕利比亚航行时太阳在他们的右手边，这种说法不说有几个人信，反正我不信"，仍坚持用利比亚一词①。身为历史之父的希罗多德如此，《地理》一书的作者斯特拉波亦如此②。

说来，在希罗多德和斯特拉波的世界中，尼罗河似乎被视为亚洲和利比亚的分界线③。当然我们并不想否定埃及的整体性。如果说以河道为界，将左右都是干燥、不毛之地，仅由尼罗河流域和三角洲构成其国土的埃及分成亚洲、利比亚显得奇怪，那将博斯普鲁斯海峡当作是亚洲和欧洲的分界线，无疑更加奇怪。

---

①希罗多德《历史》，青木严译，第一卷，参照第359—361页。
②参照斯特拉波《地理》，H.L.琼斯英译版《洛布古典丛书》第一卷（1917年）第499、500页。"亚洲之后是利比亚，利比亚是埃及、埃塞俄比亚的延伸"，"利比亚像豹子的皮毛，人类居所如斑点般零散分布着，周围是干燥无人的沙漠之地"，斯特拉波的这一比喻可谓形象。希罗多德则颇有"奈良都丹青好"之风，两次叹道"利比亚羊儿多"，"主福玻斯·阿波罗遣汝去羊儿多的利比亚殖民开拓"，"汝到访羊儿丰裕的利比亚……"（参照青木译，上卷，第420、421页）。由此可推测出古代地中海人对埃及（海岸线亚历山大港）以西的北非一带抱有何种印象。
③关于希罗多德的见解，请参照《历史》日译第一卷，第139—147页、特别是第146页。关于斯特拉波的见解，主要依据"利比亚（从直布罗陀海峡）到尼罗河"一句（引自琼斯译文，第一卷，第458页）。

曾读到一篇文章,说罗马诗人维吉尔(前70—前19年)写过一篇题为《非洲》还是《非洲人》的作品,便尝试寻找,但就我所查阅的《洛布古典丛书》中收录了他作品集的两卷来看,并无涉及。而关于利比亚或非洲的记述,仅限于"利比亚的牧羊人们、他们的牧场、他们用于居住的散落分布着的小房子""非洲的牧民把房子、武器,把斯巴达犬(寻血猎犬)、克里特的箙——一切的一切都带在身边"①。

为了让读者更好地了解地区名的变迁,这里提供一份绝佳的资料——布雷希耶(Louis Brehier)的《拜占庭帝国的兴亡》(*Vie et Mort de Byzance*, 1948)。书中描述了查士丁尼大帝时期拜占庭帝国的行政区划,并印有两幅图。严格地说,这里的亚洲、东方,甚至非洲都是地中海内部的地区名。非洲不仅指迦太基的港口腹地,还用于指称广含撒丁、科西嘉在内的州级单位。初次听闻的人想必会感到惊讶。

在戴克里先大帝(284年即位)修订的罗马帝国行政区划中,科西嘉、撒丁都和西西里被划入意大利州,到查士丁尼大帝时,西西里不变,更靠北的其余两岛则被划到了非洲的管辖范围内。这可能是由于以北非为据点的汪达尔国先占

---

① H.R. 费尔克劳英译版《洛布古典丛书》上卷(1916年)第170页。

有这两岛，随后拜占庭帝国又成功夺回西地中海地区，并将这一区划方式保留了下来。此外，在罗马时代，埃及和克里特岛、奇里乞亚、叙利亚、巴勒斯坦等曾被编入东方州，到查士丁尼大帝时二分为埃及州和东方州，后者因此成为"东方帝国中的东方"。不过这一时代的亚洲不仅是洲级单位，作为更小的行政区划，它还指帕加马、士麦那（伊兹密尔）、以弗所等历史名城一带，即这里是"亚洲中的亚洲"。而欧洲还是色雷斯州的下级单位，由博斯普鲁斯海峡沿岸一带、首府君士坦丁堡的港口腹地组成。

前文提到了非洲的用法。很久以后，该词才被用来指横亘在地中海南边的整个大陆。现在让我们聚焦于地中海中间面积较大的一个岛——西西里，追溯时代在它身上走过的印迹。西西里岛的宗主权先从拜占庭转到阿拉伯手中，又从阿拉伯转移到佣兵出身的诺曼王朝，紧接着转移到霍亨斯陶芬家族的神圣罗马皇帝兼西西里王手中。之后，罗马教皇试图强化教会权力，法国安茹家族对此热情响应，卡洛获得宗主权。在安茹家族的进驻势力被西西里人扫除干净后，阿拉贡家族又登上了王位……而在这长篇巨制的连续剧迎来大团圆之前，非洲（阿拉伯语为Ifrîqiyah）从始至终仅包括地中海沿岸、撒哈拉以北一带，埃及当然不在其中，即便在说到利比

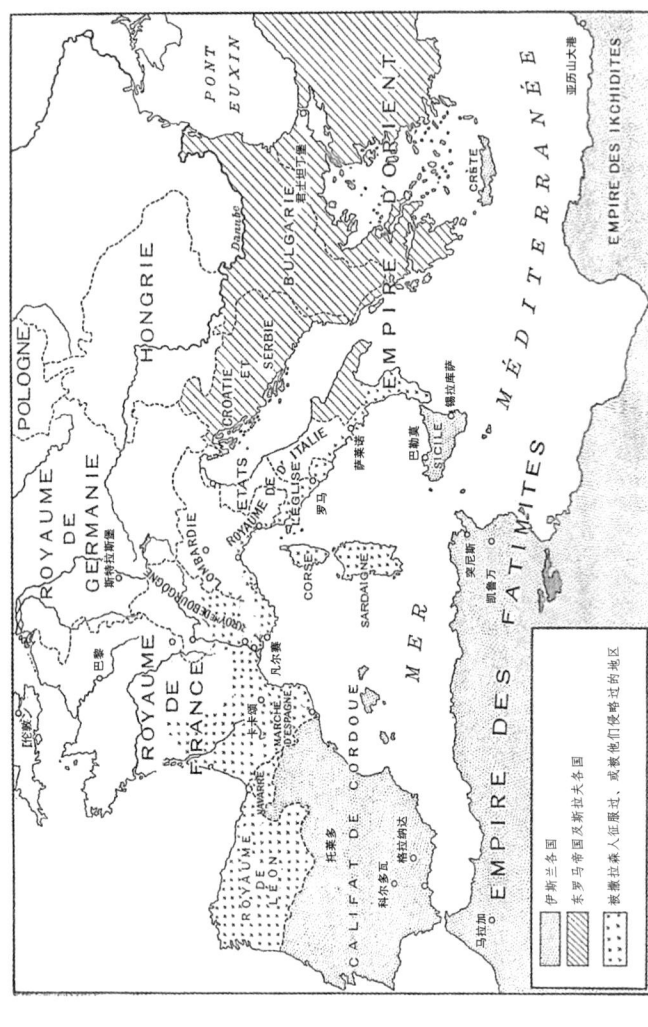

展示了十世纪末及十一世纪时地中海地区伊斯兰的势力范围。

亚大陆时,埃及和埃塞俄比亚也都排除在外。

阿拉伯的地理学家伊德里西(约1099—1154年)曾受西西里岛国王、诺曼的鲁杰罗二世的委托,制作了一张圆形的世界地图。地图插在他用阿拉伯语写的世界地理书内[①]——《鲁杰罗之书》的卷首,书名取自国王的名字。地图上南下北,地中海以南一侧的地名从西(图右手边)向东分别有丹吉尔、摩洛哥、易弗里基叶,然后是贝雷尼斯沙漠以及埃及[②]。

由此来看,倘若我们今天将地中海以南的大陆大笔一挥记作"非洲",称之为克劳狄乌斯·托勒密的地图,则必然会让人误以为这些地名有史以来就一成不变,忽视其蕴含的历史内涵与流转过程,从而带来不必要的混乱。从这点来看,"非洲"一词可以断定为误译。

[①]伊德里西的世界地理书在日本只有微缩胶卷或印刷版,幸运的是唯独上图有彩印复制版,转载自伊本·赫勒敦《历史导论》[弗朗茨·罗森塔尔(Franz Rosenthal)译自阿拉伯语,共三卷,1958]第一卷的卷首。

[②]《一千零一夜》的主要故事背景设置在以巴格达为首府的伊斯兰东方帝国,其焦点集中在西亚和埃及。因此对于了解当时非洲或马格里布的情况无甚大用。虽然这里参考了《一千零一夜》,但版本选取了日本的法国文学专家对马尔迪鲁斯法译版的转译版本——岩波文库版(全二十六卷),马尔迪鲁斯法译版被认为是最接近原文表达的译本。岩波文库版中涉及非洲(易弗里基叶)地名的内容仅限于"非洲位于西端,这些地方对孩子们来说是禁断之地"(第十一卷,第48页),以及"说到非洲,那是最恶毒的魔法师和妖术师的大本营"(第十八卷,第97、98页)。

在两个从未发生交涉，或只是出于偶然、间接发生交涉的地区之间，即便尚未构成支配与被支配的关系，一旦开始直接通商，地区名的体系就会发生改变。当然，欧洲的海外扩张迫使地名列表的更新瞬间加速。

在此之前，世界地图虽然叫作世界地图，但只描绘了位于东半球的国家。1436年安德烈·比安科（Andrea Bianco）制作的世界地图，也不过是将伊德里西的地图由南方在上改为东方在上，以对应当时"伊甸园"位于东方尽头的说法。该图具有浓郁的中世纪欧洲风，在顶端为亚当和夏娃设置了属于他们的情侣专座，真是吉祥如意的一幅图。1538年，麦卡托绘制的世界地图（这是首张记载了美国的世界地图）在赤道处将球面断成两截，分为北半球图和南半球图，左右分别绘制并投影。地图画了经线和纬线，不愧其地图绘制专家之名。该图中的非洲指古罗马以来的非洲或易弗里基叶，同时也是今天我们通用的大陆名称。和查士丁尼大帝时期的行政区划——"东方帝国中的东方""亚洲中的亚洲"一样，这也是一种一石二鸟的用法。最终，非洲作为地名的传统用法慢慢荒废，曾用于指称整个大陆的利比亚将自己的地位让与非洲。鉴于推进该方案的代表人物是久负盛名的麦卡托，想必彼时大势已成定局[1]。

再者,到这个阶段时,能代表地理知识巅峰和集大成者已不是东方即地中海世界的人们,而是背向地中海地区,将目光投向远洋的人们。此后,当时代走到十九世纪中叶到二十世纪前半期时,作为君士坦丁堡港口腹地的欧洲不复存在,一个处于全新系谱的近代资本主义的欧洲出现,开始将非洲大陆当作是服务自己的殖民地。此时一提到非洲,人们首先想到的是孕育了古代文明的埃及,或是法国革命后政府合法性获肯,在粮食匮乏时突尼斯送来了大量的小麦等,甚至有不少急性子的人会不分青红皂白地给非洲贴上"黑暗大陆"的标签。时间进一步向前,来到第二次世界大战后的今天,当我们谈及非洲研究、非洲民族主义者等问题时,埃及和北非的阿拉伯各国并未包含在其中。所谓沧海桑田,

---

[1] 西洋数个世纪之前的事,如今调查多有不便。不过据我所知,1570 年出版的奥特柳斯的地图册中,非洲作为大陆名出现。1575 年巴黎出版了安德烈·特韦的《世界地理》,其中收录的非洲图将非洲用作大陆名,同时在相当于迦太基的地方记入了 Afrique-Suffetula。就后者我曾咨询过专家,该词也许和腓尼基语的 sopheś、拉丁语的 sufes、suffes(迦太基的军职,最大的地方官)相关。此外,布鲁塞尔郊外的中非皇家博物馆收藏着 1644 年安特卫普版的古地图(作者为威廉·布劳),其中非洲被用作大陆名。大英博物馆收藏着记录了德雷克环游行程的古地图(绘制地点和时间存疑,暂采用安特卫普,1581 年),其中未含有非洲这一地名,只有努比亚。

不过如此。

下面的话题和本书的焦点——地中海地区—没什么关联。在离我们较近的时代，欧洲和亚洲的分界线移动得最为明显。博斯普鲁斯及达达尼尔海峡是南边的界限。由于得此命脉者得天下，近在咫尺的海峡两岸曾先后被一起纳入希腊、东罗马帝国、土耳其，但其作为欧亚分界线的地位始终如一。与之相反，大陆部分的界限一直被看作是欧洲势力往东推进的前线。俄罗斯曾在欧洲世界之外，后借拿破仑战争，俄罗斯帝国向欧洲内部渗入，导致欧洲与亚洲的分界线推到了连一座像样的山都没有的乌拉尔山脉。而今天，越来越多的人认为西伯利亚不在亚洲之内。

2. 对外国的偏见、和偏见一道产生的打破偏见的努力

在第二章的引入部分，我引用了阿尔方著作的标题——作为惯用词使用的"Barbares"。"Barbares"（Barbaroi）是古典时代的古希腊人、效仿古希腊的罗马帝国的罗马人，对拥有不同语言、习惯的其他民族的统称——不过帝国领属原住民中，那些受统治方文化同化、被纳入殖民地管理机构（借用独立前的非洲黑人的用语），且自认为是 evolues（开明分子）的人该如何界定，是一个很有趣的问题——此后这一

称呼被西洋人沿用下来。

根据埃米勒·利特雷的词典等,"Barbares"与希腊人、罗马人相对,指国外、异国之人,广义还指未开化、未达到文明开化之境的人。但根据后面即将引用的埃拉托斯特尼的批判,我们可以推测,这一解释恐有颠倒顺序之嫌。这个词原本就包含优劣有别之义,甚至带有歧视、敌视的情感色彩。后世人在野蛮、未开化义之外,宣称"Barbares"还有他国、他族的中性义,不过是由于眼界拓展,或不愿自己的祖先被如此称呼,才偷换概念予以修正吧。

所谓的华夷思想,即自己所在的地方是华夏,周边是东夷、西戎、北狄、南蛮。类似的这种思想并非中国独有,也非中国特色,古来传统的文明中心都曾如此骄傲地自我评价,彼此之间不遑多让。如果说中世纪的欧洲还不够资格,近世以来的欧洲则可见一斑。在路易十四的时代,中国处在康熙治下,耶稣教会的"和尚"来此传教,感叹中国竟是如此高尚的文明国家。诚然,感叹本身无可厚非,但感叹的理由是"一个非基督教国家,却能如此文明",则形象地说明了欧洲有类似中国古代"华夷"思想的存在[1]。

---

[1] "您(路易十四)几年前派到中国的传教士们,在世界的另一端惊奇地发现了一位除法国外从未见过的君王。他像陛下您一样具有卓越而完美的(转下页)

话说1950年夏天,联合国教科文组织在加拿大蒙特利尔召开了国际地理教育研讨会。作为研讨材料,法国的费什准备了一份报告,呼吁人们注意"对外国的偏见往往源于无知"——尤其在当下,偏见、乐观的观测和出于功利性的讨论只会助长这种无知,需要特别警惕——对于费什的意见,

---

(接上页)天才和皇帝的胸怀,他能主宰自己和臣民,受到了人民的崇拜和邻国的尊敬,在他从事的伟大事业中既光荣又有雄才大略,受人赞颂。总而言之,他身上具有成为英豪的大部分特性。如果没有您的话,他早已成为人世间的一位无与伦比的皇帝了"。法国耶稣会士白晋从北京返回法国后,向路易十四提交了秘密报告,这是报告开头部分,盛赞的是清朝的康熙皇帝。后文继续写道,该皇帝有一半基督徒化的行为,但仍沉沦在不幸的异教中,着实遗憾。参照《中国传教士约阿希姆·布维赠予国王的中国皇帝的历史》(1699),第6—8页。

该书战前日译为《康熙帝传》(后藤末雄译,1941,生活社),据译者注,康熙帝曾发上谕:"崇西洋教、天主属不经。因其人通历数,故国家用之。尔等不可不知。"这是皇帝本心,"总之,康熙帝的政治手腕或怀柔政策完美奏效,天主教僧侣们成为康熙帝的礼赞者。传教士们研究儒教思想,调查文物制度,彻底化身为中国文化的赞美者。他们忘记了宣传天主教的使命,因中国文化——即异教文化而中国化,反而将这异教文化宣传到了祖国"(同上,第83、84页)。同样据译者注,法国传教士李明(曾担任路易十四的孙子勃艮第公爵夫人的听告解司铎)在《中国现势新志》中如下叙述,引发法国教会间的激烈争论:"欧洲和其他世界陷入迷信和堕落。中国在两千年来却保存着关于神的真正的知识,保存着道德上最纯粹的格言。世人还没有意识到这一点"(同上,第54页),这对于了解绝对君主专制和耶稣教会之间的关系有重要的参考意义,特此引用。此外,关于这里最后一个问题,请参照拙著《亚洲中的日本》第二篇《权威与恭顺,苛政与不信》及前后诸章。

没有一个参会者提出异议①。然而回顾历史，该问题早在公元前就被地理学大师们以学术生涯为赌注提了出来，这种打破偏见的努力和偏见本身一样久远。

上文提到的大师指埃拉托斯特尼（前三世纪）和斯特拉波（前一世纪），斯特拉波在《地理》第一篇中写道："埃拉托斯特尼首先提出，我们既不该去赞扬那些将全人类二分为希腊人和蛮族人的人，也不该去赞扬向亚历山大建言将希腊人当作友人、将蛮族人当作敌人的人们。然后进一步论述，这种区分需以质量优劣为准。希腊人中有很多恶贯满盈之徒，蛮族人中亦有诸多高雅文明之士。后者如印度人、雅利安人（指伊朗人），又如罗马人、迦太基人，均在治理方面出类拔萃。亚历山大之所以不顾劝告,尽可能地欢迎良才、礼遇贤士，原因正在于此②"。

不听谗言、不抱偏见，亚历山大是代表之一。然而斯特拉波想指出的是，有人偏偏煽动偏见，通过助长偏见来攫取利益。这是一个既古老又新鲜的问题。

康熙统治年间，耶稣教会的僧侣们出现在北京。他们想

---

① 参照讲座《现代教育学》第十三卷《社会科学与教育Ⅱ》（1961年，岩波书店）第128、129页。
② 引自 H.L. 琼斯英译《地理》第一卷，第247、249页。

不明白,为什么这个东洋的明君和路易十四不相上下,却不是基督教徒?为什么中国享受着高度的文明,却不是基督教国家?臣下的恭顺与明君的权威相得益彰、完美配合,这满足了他们对中国的全部想象。然而即便如此,在面对这个政治上和自己没有直接对抗关系的国家时,因为宗教的不同,他们仍感到无法释怀。对中国尚且如此,我们可以想象在面对伊斯兰教时,身为基督教国家的欧洲会多么苦恼纠结。这种纠结也体现在拜占庭和罗马教廷的关系上①,直到现在,不知是感情的余韵还是惯性所致,仍然根深蒂固地存在着。

先把伊斯兰问题放到一边,我们看看悬而未决的拜占庭

---

① 十世纪左右罗马教皇式微,到实现权力反扑之前都无力对异教徒、异民族采取特别的歧视政策。基督教徒继承了犹太教的"选民观念",但此时还未将后者看作麻烦或烦人的邻居。说到底,他们还没有强大到能成为加害者的地步。到十三世纪,罗马教廷成为一方政治势力,成功建立了在世俗中的权威,并规定其他宗教均为异端,予以取缔。在这一过程中,欧洲实现了"精神上的统一",但同时形成了对外一意孤行、内部沉闷压抑的局面。

欧洲的形成伴随着三大要素:基督教世界与当时处于优势地位的伊斯兰世界之间的对抗关系、基督教世界内部东罗马帝国与西罗马帝国之间的对立、西罗马帝国内部皇帝与教皇之间的合作与对抗关系。在三种关系的作用下,"Occident 帝国"最终被置于以教廷为轴心的宗教警察国家体制下,由此形成了以信仰之名践踏人权,对异教进行打压的黑暗欧洲。十六世纪时,宗教裁判制度被当作反宗教改革的武器,在镇压新教徒的过程中充当了残酷的刽子手。这不仅在佛教中不可能出现,甚至连伊斯兰教都见不到如此度量狭小、如此强烈的排他性。

问题。在西欧最权威的世界文明史中,这个不同于西方帝国的"东方帝国"是如何被定位的呢?"纵观整个历史",拜占庭"传统是罗马式的,文化是希腊式的,政治是东方式的",亨利·贝尔(H.Berr,编辑丛书《人类的进化》)为布雷希耶的《拜占庭帝国的兴亡》作序时,对此表示赞同[1]。为了强调自己与专制无缘,近代欧洲人每逢提到专制,总想加一个"东方"做修饰语,将拜占庭从"Occident"中排除出去,顺便为查士丁尼法典出自这个商业帝国表示遗憾。靠着东地中海贸易,拜占庭积累了巨额的财富,以雄厚的财富为基石,创造了灿烂的拜占庭文化。但欧洲人对这一文化作评价时却态

(接上页)犹太教的选民观念本具有防卫的性质。不论如何,自己的信仰不是唯一的信仰,即使宗教不同,人依然是人。自己的文明不是唯一的文明,文明具有多样性。即便达不到这种浪漫主义式的相对主义,也应抱有宽容的心态,这才是文明发展的方向。从这点来看,中世纪后半的欧洲明显逆流而行,到十八世纪末,莱辛走上打破宗教偏见之路的原因也在于此。他写作的《智者纳旦》,以十字军时代的伊斯兰名将萨拉丁为原型,呼吁宗教平等。这点与本书论旨相关,尤值得关注。

今天的我们理所当然地用着"各个文明",然而据《文明论》(La Civilisation, 1938)的作者萨尔蒂奥(F.Sartiaux),复数名词形式的 civilisation 在十九世纪前不曾出现。他指出"1819 年以前没见过……",但遗憾的是,究竟是谁、在哪里首次提出了这一方案,我翻遍了《文明论》的所有角落,都没有看到相关叙述。不过不难猜测,这一形势的变化和浪漫主义成为时代思潮有所关联。

[1] 参照丛书编辑亨利·贝尔为布雷希耶《拜占庭帝国的兴亡》所写序言,第12页。

度骤变，转而模仿迪尔（Charle Diehl），"它是中世纪最辉煌的文化之一，可能是从五世纪到十一世纪初之间，真正存在于欧洲的唯一的文明①"，毫不吝啬其赞美之词，让人不得不将到嘴边的疑问又咽回去——难道不正是因为在"中世纪"的欧洲之外，商业的繁荣和文明的进步才得以开花结果吗？

3. 地中海地区不是欧洲的附属品

看过拙著《亚洲中的日本》的读者可能仍有印象，这个书名也是拙著中第一章第三节的标题。我想说的是，独自发展起来的地中海文化史不能被塞入欧洲史，亚洲、非洲、欧洲——今天的划分方式看似自然，却也不能原封不动地套用到数百年、数千年，甚至西历公元前。以当下的认知去纵向切割东方即地中海及其历史，必然导致其本来所具备的统一性消失殆尽。

当然，标题也可以改成"从欧洲被希腊疏远、二者分道扬镳，到欧洲成为工业革命的主角，将全世界欧化"。重要的

---

① 是对我在战败前写的其他旧稿的再引，但该旧稿中忘记标注引源。值改版之际，我查阅了手头所有迪尔相关著作中和引用内容相关的部分，但没有找到。战后，该教授的拜占庭历史的重大问题（1947）被追加到迪尔丛书中，其中结论部分的第173—174页中，有和该内容类似的表述，特此说明，以履引用者之责。

是,面对近代欧洲人以自我为中心的西洋史或世界史,我们有必要从中找出最需要修正的部分,并用标题直观地展现出来,故这里也用了与拙著相同的标题。所谓"欧洲被希腊疏远、二者分道扬镳",是基于亚里士多德《政治学》的第七章说的。1951年拙著《东洋文化》出版以来,那一节——不是后世的推断,而是相同时期的人发出的权威性证言——已被我引用多次[①]。为避免过多重复,这里只提供该言论的出处。

从全世界来看,地中海东部的地区大宗商贸是最早发展起来的。所谓"Orient"(东方、东洋),原本是从地中海地区看来的、甚至只是作为地中海地区一部分的"Orient",指埃及和当今西亚的一部分。环绕着东地中海,我们今天所称的欧洲、亚洲、非洲相邻而对。其中,为叙述西洋史而引入的、在世界史古典时期登场的腓尼基、爱奥尼亚等城市位于亚洲,著名的迦太基和亚历山大港——前者大概从罗马时代起在非洲,后者不论是在罗马帝国、拜占庭帝国,还是撒拉森帝国时都不在非洲,只是包含在现代所指的非洲中。问题是该如

---

① 《东洋文化》(历史文库·世界史10,1951年,福村书店)第54页。文部省大学学术局编《学术月报·特级·东洋学术研究的现状二》1954年11月号(日本学术振兴会刊)收《东洋文化——摆脱奇怪的自卑》,第489页。参照前揭《亚洲中的日本》第36、37页。

何处理欧洲。根据古希腊和罗马人自己的用语,正如埃及区别于利比亚,他们将希腊也区别于欧洲。毫无疑问,如今的世界地图视希腊为欧洲的一部分,但从文化史的观点来看,将古代爱琴海周边的文化塞入欧洲,至少亚里士多德不会赞同,这一诉求本身也过于勉强。

近代西方写书之人往往热衷于强调古代东方文化和希腊文化的差异,这是日本读者早就知道的事情。

安德烈·西格弗里德(A.Siegfried,1875~1959年),后半生担任法兰西公学院教授,开设政治、经济地理学讲座,同时身兼法兰西学术院院士。"一战"爆发前几年,他公开了自己关于法国西北政治地理学的研究成果。此后,他先后出版《现代美国论》(*Les Etats-Unis d'aujourd'hui*,1927)《英国危机》(*La Crise Britannique*,1931)等著作。前者在研究美国的著作中,与托克维尔、布莱斯作品齐名,堪称具有古典主义精神,后者吸引了英国经济学者爱恩西格(P.Einzig)的极大关注,遭到其错误的抨击。他研究成果众多,涉及领域广阔,每发表一部作品,一篇文章,都能指出新的问题,切入角度新奇。同时,他西欧式的保守性和隐藏于底层的外行式腔调,更吸引读者心甘情愿地追随其脚步。总之,直到最后他都不负长者应有的灵活,遐迩闻名。

安德烈·西格弗里德在"二战"后有一部名叫《民族之心》①（*L'Ame des Peuples*, 1950）的散文作品。十九世纪末二十世纪初，"世界的欧洲化"已成定局，欧洲人因自己的欧洲人身份被赋予世界主人的地位，此时的西格弗里德已值壮年。他一边提醒读者注意显示出"世界非欧洲化"的一些新现象，一方面思索西欧（Occident）的过去将来，论述欧洲人所能依赖的品质是什么。和以往的著作一样，这部作品富于启发、颇具趣味，同时还主动提到了他所用方法的局限，以及他所在年代的欧洲对非欧洲——也即欧洲本身——是如何理解的，抑或是只能通过什么方式去理解。在进入下面的论述前我想强调一点，对于西格弗里德的这本书，我们可批判性阅读，不妨把它当作患者为自己记录的诊断书来讨论，重要的是不可完全陷入他的地盘，对他所言毫无顾忌地欣然

---

① Peuples 不能完全对应"民族"。这里借用福永英二的日译书名。

接受①。

下面让我们从西格弗里德这部1950年的著作中，拾取一些和本节主题相关的内容，以期带来启发。

"早在古代，东方（Orient）已与当时还未被称作西方（Occident）的世界、与新思想层出不穷的希腊世界泾渭分明。

---

① 对自己的民族（亚里士多德属于希腊人，西格弗里德属于法国人，但这里指更广义的欧洲人，欧洲人也并非指所有白人，欧洲之外的白人除外）抱有优越感乃人之常情。亚里士多德在表达这种感情时非常直率，质朴中带着幽默。与之相比，西格弗里德则洗练而富有腔调。不可忽略的是，亚里士多德时期，城邦国家体制崩溃、马其顿带来的压迫时刻紧逼，西格弗里德时，他亲眼见证欧洲世界重心的地位逐渐终结，二者所处环境有一脉相承之处。民族、国民本是历史的产物，西格弗里德在明知不可能的情况下，仍然试图将民族性、民族心理及行为模式从超历史、生物学属性的角度加以解释，这种牵强附会的证据在他著作中随处可见。此外，他采用的方法论简单粗暴，和亚里士多德一样，事先预设结论，根据结论来进行论证。西格弗里德权宜性地利用种族主义，在对自己不利时就把"欧洲之外的白人"（Blancsextra-europeans）切割（原书第201页，日译第231页），从而保证逻辑闭合，说服自己。这是让人觉得无比可惜的破绽之一。

西方白人优越论者最大的弱点在于，他们很难用欧洲自己的成绩去证明欧洲的优越性。这里的成绩晚指到十七世纪之前，早可放宽到十三世纪之前。近代欧洲的辩护者们试图通过相信古希腊文化的继承者是西方欧洲，以抵消这段空白期。西格弗里德也沿袭了这种惯用伎俩，将自己的一流博学之名束之高阁。倘若成为希腊文化继承者真是如此光荣的事，"俄罗斯远比其他国家更有继承的资格"——身为斯拉夫国粹主义的布尔加科夫等人的这一态度也就可以理解了。关于最后一点，请参照饭塚《俄罗斯与东洋的交涉》第一部（《东洋文化研究纪要》第一册，1942年）第七章《俄罗斯的"东洋"诸相与拜占庭》。明治之后的日本似乎对西洋人自吹自擂的主张尤其没有抵抗力，这话虽不讨喜，却是事实。

爱琴海与亚洲的希腊诸城邦坐拥着区别于东方波斯人的独特文明。亚历山大远征时期,希腊文化扩张到印度,东方一度往东后退二十千米。然而这不过是短暂的退潮期,从公元二世纪起,随着被希腊文化征服的地域重新东方化,东方再次夺回属于它的权利[①]"。

上文所说的"新思想",即指作者在十页前左右所写的"批判精神、对现象的观察、自由思考问题的习惯……从巫术、预言、不合理的事物、宗教中解放出来的人的理智的自律性[②]"。即使不引用原文,在今天这也大体成为定论,为大众认可。不

---

① 参照安德烈·西格弗里德:《民族之心》(1950),第201、202页。
② 同上,参照第189页。

过对此我持有保留态度①。

即便这一定论是后世将古希腊理想化的产物②，当"还未被称作西方"的古希腊世界的"新思想"被欧洲世界开始接受时，已经隔了长达两千年的空白期。文艺复兴后，欧洲想把它当作自己文明的起源，这无可厚非，但若坚持如此，理

---

①碰巧最近重读希罗多德的《历史》，仅在该书范围内谈谈个人的推测。书中很多材料都不得不让人对上面的定论产生怀疑，下面列举一二。

"据雅典人说，那些人在德尔斐逗留，用金银劝服皮提亚（德尔斐女祭司），不论是公事还是私事，当斯巴达人来请示神谕时，必告之给雅典以自由。斯巴达人总是听到同样的神谕，便派遣他们的一位市民、知名人士阿斯特尔的儿子安启莫里欧斯率军把佩西司特拉忒达伊族从雅典驱逐，尽管他们曾经是最亲密的盟友。比起人的意愿，他们更尊重神的旨意。"（卷五，63）

"当德尔斐人听到这些情况（薛西斯麾下的"东夷军"来袭）时，陷入了难以名状的恐惧，他们惊慌失措地向神请示，应该将神圣的财产埋到地下，还是转移到其他安全之地。然而神说，任何东西都不要动，他能保护他自己的财产。（中略）这样一来，除了六十人和预言者之外，所有德尔斐人都逃离了那座城。"（卷八，36，青木严日译）

如上所示，这些人和诸神关系友好，他们即便能称得上"巫术师"，也断然无法和所谓"合理主义者"、"批判精神"、有"自由思考问题的习惯"等挂钩。
②中世纪的欧洲是"巫术师"的世界，这里没有所谓的古希腊的"新思想"，反而充满了对他者的支配、宗教的束缚。近代欧洲是在摆脱教会的权威与统治，为解放学问、艺术甚至教育而进行血腥斗争的过程中诞生的。这是近代欧洲的勋章，没有隐藏的道理。将最能代表希腊的特定时代的雅典理想化、偶像化，这一方面体现了要从中世纪式的"旧思想"中解脱出来有多困难，另一方面也证明，对开启近代的仁人志士们来说，相信"古希腊也是这样的"对推进自由民主化斗争，以及说服世人、激励自身是有效的。可以说，这种对中世纪封建黑暗性的反弹一直持续到斗争结束后仍未消失，它凝缩为人们对古典时期的评价，作为一种副产品留了下来。

应说明为什么这么长时间内他们一直忘记祭祀自己这个思想上的祖先。届时如何自圆其说,值得一听。不过,曾经的欧洲是一个封闭的村落社会,如被打上马赛克般模糊不清①,在这个村落社会的集体之上,还凌驾着骑士和僧侣。开放的城邦社会也好,自由市民专享的主权在民也罢,总之,对那一阶段的欧洲来说,解释在古希腊实现了的、作为社会文化遗产的民主政治为什么放在欧洲就成了明珠暗投,可能比回答上一个问题要容易得多。这不仅限于中世纪欧洲的情况。

话题扯远了。罗马人建立了跨越地中海南北的大帝国。他们有充分的理由把地中海叫作"我们的海"(Mare nostrum)。后来罗马帝国遭欧洲蛮族的蚕食,土崩瓦解,但蛮族统治下的欧洲并没有在地中海从事商业活动,也没有继承其城邦式的、开放的地中海文化,反而让欧洲从地中海的商贸圈中消失了踪影。

另一边,伊斯兰亚洲从西亚持续向东西扩张,将北非、伊比利亚半岛、地中海主要岛屿收入囊中。这为后世的欧洲人留下一句俗语——"东方始于比利牛斯"。用西格弗里德的话来说,这是"东方和阿拉伯人一起从地中海远至大西洋,

---

① 参照《亚洲中的日本》第二章第十节《封闭村落社会的马赛克》。

泛滥于西洋之上"的时代,"阿拉伯人比欧洲的文明更先进,他们富于创意,拥有理性的自由①"。彼时的欧洲又如何呢?后世评之为"中世纪的黑暗时代"、是处于封建制度农业社会的、蜷缩于自己壳子之内的欧洲。今天我们所学的世界史中,前文所述的一切历史都遭到了罔顾事实的过低评价或漠视——世界史的重心从一开始就被人为定在了欧洲。

1950年,西格弗里德为《世界地图册》(*Atlas International Larousse*)作序,"不知从何时起,世界重心就牢牢坐落在欧洲。但第二次世界大战结束后,世界重心离开了古老的欧洲,转移到其他地方"。仔细咀嚼他所说的变化,再参考古代文明发祥地埃及、美索不达米亚、印度、中国,欧洲一直是世界重心的说辞就显得过于夸张。因此,问题最终可以归结到"从何时起,欧洲的自以为是在全世界吃得开了"。

战争期间,我国有些地名曾一度消失,但在战后某个时刻再度复苏,例如"远东"。我们称作"西亚"的地方离我们不"近",也不在"东"边,但不少人称之为"近东""中东",且习以为常。我们称作"后方印度"的地方,其实在印度的

---

① 参照安德烈·西格弗里德:《民族之心》,第202页。

前方,可我们仍然沿用欧洲人的叫法,认为这才是规范的学术用语。这种方位和距离的背离正形象地诉说着,在那个特定的时代——其实也是非常近的近代——我们是如何忠实地、盲目地将欧洲人的用语和思维方式沿袭下来的。

欧洲眼中的东方并非那个拥有古代地中海文明的东方,而是更靠近东边的部分,于是他们创造了新的名字——"Extreme Orient",在"East"之前加一个"Far"。它专指亚洲大陆从中国到日本之间的部分,亚洲则始于亚述语所说的"Acu",意指太阳升起的方向。这与同时期我国在"南蛮"的基础上发明"奥南蛮①"有异曲同工之妙②。而被称作"新大陆"的西半球大陆,其本身并不比亚欧大陆新,也不比非洲大陆新。

遗憾的是,欧洲在世界地图上没变成"奥南蛮",日本却成了亚洲,成了"Extreme Orient",甚至自己称自己为"远东"。直到此时,近代世界——这才是值得用单数名词加定冠词称呼的世界——的组装者才露出其真正的面容。

---

① 日语"奥"表"深处""内部",这里指在日本看来,距离自己更远的南蛮。——译者注
② 参照《南蛮国书简集》,大日本史料,12卷12,元和二年7月24日(1616年),新西班牙埃米尔收,政宗书简其他。

近代欧洲不仅将世界"欧洲化",还将世界史的记述变为服务于欧洲,尤其是服务于近代欧洲的工具。欧洲人首次书写了作为整体的世界史,此前所谓的世界史,不过是将零落分散、在本质上没有任何交集的各国历史直接拼凑起来而已。

十九世纪初的法国浪漫主义思想家、名震巴黎大街小巷的基内(Edgar Quinet)曾深情讴歌,"对现代人来说,能思考世界史(Uistoire Universelle)是一大光荣[1]"——虽然他本人和赫尔德(J.G.Herder)一样是出于浪漫主义思潮的一元论哲学立场,但这同时也告诉我们,新的现实下催生了新的展望。

---

[1] 在赫尔德的《关于人类历史哲学的思想》第一卷(1827)开头,译者基内写了一篇很长的序言。这是序言的第一句话。

三、东方即地中海世界与欧洲地位的变迁

近代欧洲列强的海外扩张、地理侵略都是不容置疑的事实。然而几乎没人注意到他们"对世界史的侵略""在世界史叙述方式上的欧洲霸权主义",这着实令人惊讶。正如前文再三指出,部分用语只有从欧洲人的立场出发才具有合理性,然而这些用语却被原封不动地拿来记述世界史(Histoire Universelle),甚至流行于位于"远东"的日本。我们照着欧洲人提供的样本学习世界史,其中有太多含混不清的事情需要斟酌,这种斟酌的工作甚至从未被欧洲之外的人们有意识地提起。

那是"世界的欧洲化"在十九世纪达到顶峰后留下的颇为棘手的副产品。当我们讨论世界地理时,需要对以往的历史背景进行深刻的反省,这是一种希望,也是不可或缺的前提。

基于以上考量,为了使我的记录更好地服务于世界史的描绘,我采用如下方法做了梳理。下图是一幅用莫尔魏德投

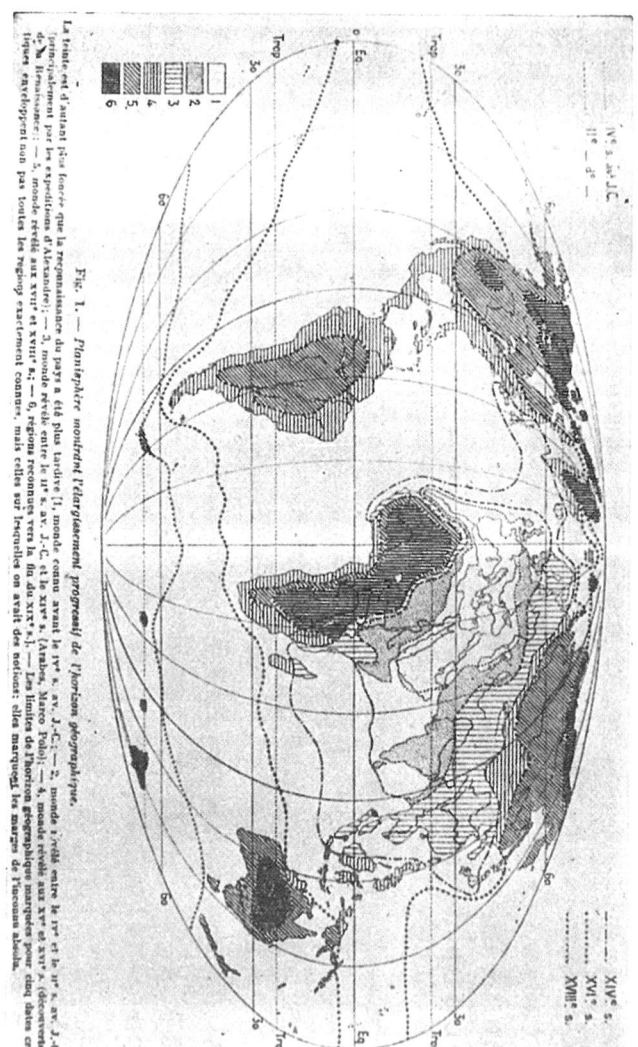

Fig. 1. — *Planisphère montrant l'élargissement progressif de l'horizon géographique.*

La trame est d'autant plus foncée que la reconnaissance du pays a été plus tardive [1, monde connu avant le IVe s. av. J.-C.; — 2, monde révélé entre le IVe s. av. J.-C. et le XIIIe s. (principalement par les expéditions d'Alexandre); — 3, monde révélé entre le IIIe s. av. J.-C. et le XIIIe s. (Arabes, Marco Polo); — 4, monde révélé aux XVIe et XVIIe s. (découvertes de la Renaissance); — 5, monde révélé aux XVIIe et XVIIIe s.; — 6, régions reconnues vers la fin du XIXe s.]. — Les limites de l'horizon géographique marquées pour cinq dates critiques s'enveloppent non pas toutes les régions exactement connues, mais celles sur lesquelles on avait des notions; elles marquent les marges de l'inconnue absolu.

影法绘制的世界地图的复印版,名为"地理视野的扩大"[①]。原版出自我的恩师德·马托纳(Emmanuel de Martonne)教授之手,收在其巨著《自然地理学概论》(*Traité de Géographie Physique*)的第一卷(1929)地理学概述的章节。将前文中勒让德所谓的"已知世界"的扩大加以图示,则具体如下。

1. 公元前四世纪阶段

这是以东方为起点、以大宗商贸为媒介,席卷地中海周边各地区后,世界彼此关联、逐渐拓展的时期。客观地说,此时的欧洲在政治上受他者支配、沦为属地,其加入商贸圈的行为具有极大的被动性,因此这时候谈欧洲人地理视野的扩大,还为时过早。

我们把公元前四世纪视作城邦式希腊文化的全盛期,这本身没有问题,但讴歌当时"希腊市民的自由",只关注作为商业城市的雅典而忽视作为农业城市的斯巴达,则既夸张,

---

[①]就该部分,我的《纪要》旧稿叙述如下:"欧洲人'地理视野的扩大',图示了勒让德所谓的'已知世界'的扩大。"单行本《世界与地理》(大修馆)下卷中,我的小论《世界地理与世界史》在序言部分也借用了德·马托纳教授的这幅地图,并做了如下说明:"从欧洲人的立场看地理视野的扩大。"基于我在下节开头所述的理由,以上说明过于简单,在此谨修正。

也危险。希腊曾为波斯帝国提供佣兵，雅典亦在成为繁荣的商业城市后，为了维护自由，市民放下武器，主动将军事委托给佣兵①。这种现象还见于威尼斯、我国的堺市②，是商业城市为了从对外商贸活动中汲取活力而表现出的共通特色——商业城市理应受到符合其身份的对待。与其在两千年后的今天去考虑雅典式的希腊文化给欧洲的人文复兴带来多大的影响力，探明导致雅典废除其身份等级制的条件、市民的自由为何坚不可摧，以及某个时期的力量对比为何迅速拉开，才是更重要的事情。

2.公元前二世纪阶段

对"东方即地中海世界"来说，亚历山大——借用阿拉伯对他的形容，"战士之王、双角的伊斯坎达尔"——的远征成为媒介，将东方和印度、印度洋世界连接起来，属划时代之大事。下图所显示的范围即在希腊化时代中，希腊文化的拥护者眼中所谓的已知世界的扩展情况。

不过对于"希腊化"这个惯用语，我也暂时持保留态度。亚历山大是"蛮族腓力"之子、是亚里士多德的弟子。他的

---

①参照乔治斯·卡斯特里昂:《陆军历史》(1948)，第6—9页。
②参照本书第四部。

远征的确为日渐衰落的波斯帝国、为这片广袤的疆土带来了希腊之风，值此机会，希腊美术造型的方法也深深地渗透进来，这是不争的事实。然而与此同时，面对征服地发达的伊朗（波斯）文化，

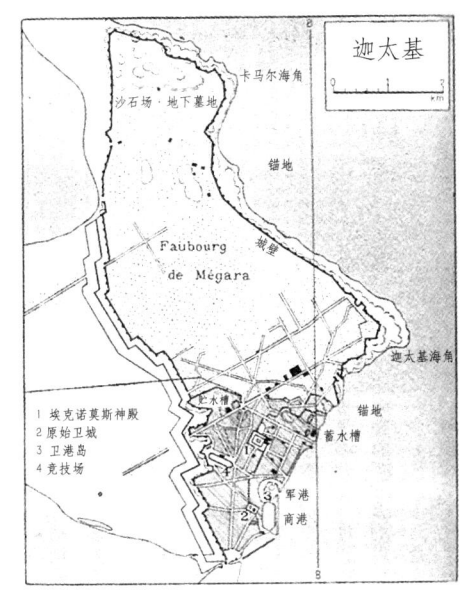

亚历山大深深地折服、倾倒于其中，这也是事实。因此，一谈到该阶段的西亚文化史，就叫嚷希腊化带来的影响，与其说是成者为王败者为寇的偏颇，不如说是一个彻头彻尾的误会。此外我们还要保持警惕，不能因为犍陀罗等佛像雕刻的手法具有希腊的风格，就把希腊文化对亚洲的影响捧得过高。佛教世界否定偶像崇拜，没有雕刻偶像的传统。是崇拜偶像的多神教徒——来自希腊世界的石工、雕刻家们首先开始制作佛像的。如今，很多佛像的头部被带回巴黎的吉美博物馆

等地，它们不论是从容貌来看，还是衣褶的折叠方式，都完美地还原了希腊的风格，这并不是什么大惊小怪的事情。

还有一点值得留意，人们虽然忘记了古代的伊朗文化有多先进，但还记得迦太基的辉煌、罗马帝国的建设、东罗马（拜占庭）帝国势力范围的消长，以及威尼斯的兴盛，这些都发生在地中海沿岸的各地区内，而将地中海地区和印度连接起来的中介商业，并未掌握在他们地中海人的手中。

就在亚历山大远征的同一时期，印度处于农业社会，封闭的社会氛围使世界宗教——佛教的诞生和普及成为问题，也影响了其商业和商业城市的发展。当然，亚历山大远征的前提是东地中海海域和印度之间存在通商关系，他想用政治力量夺取这条商路，以获得巨大的利益。而这一"事件"的背后还有我们极易忽视的一点——这些征服希腊、调转马头一路向东的马其顿人本身的生活方式（农、牧、定居、非定居）。亚历山大的远征在历史上虽是划时代的大事，但"远征"的方案不是忽然间提出的，统一的"雄图"也不是一拍脑瓜就想出来的。这和成吉思汗建立蒙古帝国一样，不能把它简单地解释为一群尚未开化的游牧民在进行单纯的军事争霸。

回到我们的主角欧洲。这个时候在地中海世界看来，它还只是一个没有开化的边远地区。要知道，欧洲开始使用基督教纪元下的历法时，已经到了八世纪左右，因此这个时候说按西方历法是几世纪云云，存在本末倒置的问题——当然，如今的我们已无法改变使用西历的现状，即便改了也只会造成诸多不便。

在人们印象中，罗马帝国的建立似乎是欧洲内部的事情。然而跑一趟北非就会发现，罗马帝国不仅是地中海北边的帝国，还是地中海南侧的帝国。在见到罗马时代壮丽的港湾城市——大莱普提斯（Leptis-Magna）埋于沙漠之下，在见到杰姆（ElDjem）巨大的圆形竞技场[①]（规模居世界第二）耸立于阿拉伯裔人的部落旁之前，我对罗马人将地中海称作"我们的海"颇感不解。罗马人在阿尔卑斯彼方征服的领土可谓不少，但与其说它是大陆帝国，不如说是一个支配海洋的帝

[①] 杰姆大体位于将苏塞和斯法克斯南北相连的干道的中央，是罗马时代的Thysdrus，虽然今天只是一个寂寥的小部落，当时却和Hadrumetum（现在的苏塞，拜占庭查士丁尼大帝时期的Justianopolis）齐名，因盛产油橄榄而繁荣。到三世纪时已经成为北非屈指可数的富裕城市。至今仍然记得，当我们驰骋在干涸的旷野中时，下一刻，巨大的圆形竞技场突然跃出了地平线，横亘在眼前。《纪要》旧稿中我错注为世界第三位。1934年春到访时，我听说杰姆竞技场的规模仅次于罗马和波佐利的竞技场，未经求证便深以为是，在此更正为第二。第一位是罗马的Colosseum，长径188米，短径156米。杰姆的圆形竞技场长径148米，短径122米。第三位是位于那不勒斯往西十余千米的波佐利竞技场，长径147米，短径117米。得益于与东方的贸易往来，波佐利曾是意大利首屈一指的港口，公元62年时圣保罗经过此地。

国（thalassocratie）。东方即地中海地区的商业是这个国家活力的源泉，只要海上贸易一直攥在他们手中，国家就有力气存续下去。这是它与迦太基①之间打得不可开交的原因。拜占庭帝国后来致力于恢复罗马帝国的故地，其目的也在于此。

大莱普提斯，原名莱普吉（Lebqy），公元前十世纪前后，来自提尔来的腓尼基人将此地作为租界。它是连接地中海和非洲内陆的商路起点，在商业上占据重要地位。最初数个世纪曾不为人知，公元前四世纪中叶繁盛起来，希腊人起名大莱普提斯，意为"新都市"。

此后，大莱普提斯对内保有自治权，对外归属于腓尼基殖民地中力量最强的迦太基。在迦太基领地内，"艾姆波里亚"（商贸中心地之意）地区尤其重要，后来的的黎波里塔尼亚也包含在其中。大莱普提斯在"艾姆波里亚"中也占据极为突出的地位。

在第二、第三次布匿战争间，努米底亚国王马西尼萨与迦太基为敌，利用罗马的协助夺取了"艾姆波里亚"，到公元前146年迦太基遭罗马执政官小西庇阿灭亡之际，大莱普提斯仍

---

①提尔的腓尼基人所建立的"新城市"Cart Hadach，扼住地中海航线的要道，控制着西地中海地区，势力向南延伸到苏丹，大西洋上则一直从大不列颠延伸到非洲西岸。

然是努米底亚国的一部分。之后罗马与努米底亚对抗,大莱普提斯以获得盟邦资格为条件支持罗马。公元前25年,努米底亚国被罗马消灭,大普莱提斯和东西沿岸地区被并入非洲的罗马州。

罗马帝国建立的最初几十年间,在奥古斯都、提贝里乌斯、克劳狄乌斯治世之际,大莱普提斯经济繁荣,修建了许多重要的建筑。公元69年困扰于内陆游牧民戈尔曼提的入侵。110年左右,其地位由曾经的自治城降格为殖民地。

146年,大普莱提斯诞生了未来的罗马皇帝塞普蒂米乌斯·塞维鲁。在该皇帝治下,大普莱斯提享受多种特权,基于新大都市计划,许多地区得以重建。据推测,当时的人口可达十万之多,周边地区亦人口稠密,橄榄油和谷类是其主要的农产品。

二世纪末,基督教传来,主教区成立。

戴克里先实施改革,的黎波里塔尼亚成为单独的罗马州。

363年,受内陆游牧民阿乌斯托里阿尼的残酷入侵,大普莱提斯开始没落,五世纪中期被汪达尔人入侵并占领。

查士丁尼大帝占领的黎波里塔尼亚后,大普莱提斯在拜占庭帝国的庇护下迎来了一段和平期。查士丁尼大帝兴建五个基督教会,修复了被汪达尔人破坏的大莱普提斯城墙。但由于部分建筑在当时已经被沙子埋没，重建后的城墙规模有所缩小。

七世纪，阿拉伯人占领大莱普提斯，将此处作为要塞，后彻底放弃。阿拉伯占领后城市中心逐渐西移，最终移到今天的欧胡姆斯。

1920年，意大利人开始有组织地发掘大莱普提斯遗迹。根据发掘当局的解释，"蛮族们"的侵略、沙子的侵入、乌阿迪·勒不达带来的砂土、海浪对沿海建筑的侵蚀、火灾、土地废弃等，是导致大莱普提斯毁灭的原因。此外，过去的几次地震也助长了该市的衰亡。

许多建筑物的建筑材料都是石灰岩，来自附近拉斯·埃尔·哈马姆的采石场。白大理石及色大理石则由罗马人从希腊、埃及、弗里吉亚、努米底亚和其他地方搬运而来。

3. 公元前二世纪到十四世纪的阶段

德·马托纳的地图首先明示了东方即地中海世界的人们所能认知的范围，又描述了全盛期的伊斯兰世界的人们所能认知的范围。他划出一片区域，这块被圈起来的范围在今天出土了大量的伊斯兰国家的货币，可以证明和伊斯兰世界曾有过通商关系（虽然无法确定这里的人们是否真正抵达过伊斯兰）。然后，描绘了近代以后的欧洲人地理视野扩大的轨迹。

倘若以这张地图为材料进行解说,我们就会发现,站在欧洲人的立场来描述公元前二世纪到十四世纪的发展轨迹,是一件多么错误的事情。

七世纪时,地中海世界开始发生剧变。伊斯兰教成为阿拉伯人的民族宗教,他们在穆罕默德的二代继承者奥马尔治世(634—644年)时,从拜占庭帝国手中夺取了叙利亚、巴勒斯坦、埃及、昔兰尼加(埃及和利比亚之间),同时征服了伊拉克和波斯。七世纪下半期,这个伊斯兰帝国不仅在东边从土耳其斯坦扩张到印度,还征服了拜占庭控制的非洲(迦太基陷落于698年),占领了毛里塔尼亚(伊斯兰占领后的马格里布),并在711年进一步将势力延伸到伊比利亚半岛。此时,地中海地区的统一遭到全面破坏,罗马人所谓"我们的海"的西边、南边、东边,甚至北边的一部分,都由一群信仰与基督教世界水火不容的人们居住着、统治着[1]。亚洲内陆和西亚研究的权威——格瑞纳德(Fernand Grenard)曾说道:

---

[1] 参照弗朗索瓦·路易斯·甘索夫:《中世纪国际关系史》(1953),第16、17页。

"地中海变成了阿拉伯人的湖[①]",坦率地指出了上述事态的变化。如果你觉得他的言词颇为新鲜,那绝不是格瑞纳德的表达过于夸张——因为后世的欧洲史学家们散布歪曲的言论太久矣!同样的事实被他们描述为,撒拉森海盗的横行导致了地中海贸易的衰退。事实上,贸易衰退的地方是欧洲而不是地中海。就连欧洲的法兰克王国内部,进口商品的交易权都在叙利亚人、希腊(东罗马帝国)人或犹太人手中[②]。

欧洲因地中海世界的排斥而成为欧洲。它不像威尼斯,作为一个"东方设置的摊位",靠与拜占庭、伊斯兰之间的商

[①] 参照 F. 格瑞纳德《亚洲的兴衰》(1939),第 23 页。格勒纳尔,地理学家,同时也是一名外交官(全权公使)。在保罗·维达尔·德·拉·白兰士和吕西安两位教授编辑的鸿篇巨制《世界地理》中,他承担了第八卷《高燥的亚洲》部分的撰写。与该引文一样的观点还可在著名的社会经济史学家亨利·皮雷纳(Hennri Pirenne)的论文中看到。皮雷纳指出,伊斯兰从支配海扩张到大西洋仅用了五十多年的时间,他们的侵略是一件非常重大的事件,"罗马帝国所盘踞、所熟悉的那片海,因伊斯兰的勃兴而一下子变得陌生,化为敌人……预言者(穆罕默德)的信仰代替了基督教的信仰,伊斯兰法代替了罗马法,阿拉伯语代替了希腊语和拉丁语。地中海曾经是罗马人的湖,如今它变成了伊斯兰的湖。拜占庭的船只尽量避免远航,他们已经无法从南意大利沿岸驶向对面。……六世纪时东方和西方之间的船只来往如此活跃,可八世纪时连踪迹都难寻"。参照他的遗稿集 Histoire Economique de l'Occident Médiéval (1951),第 68、69 页。该论文最早于 1922 年发表在比利时的学术期刊上。事实上,在二者权威性相同的情况下,本文理应选择优先引用皮雷纳的观点。
[②] 参照弗朗索瓦·路易斯·甘索夫:《中世纪国际关系史》(1953),第 16、17 页,详细请参照前揭皮雷纳遗稿集所收各篇。

业互动而繁荣起来。相反，它在自己内部孕育了一个崭新的时代，从而成了当今欧洲的祖先。

伊斯坦布尔和威尼斯虽然在现代世界地图上属于欧洲，但在实际的历史活动中却游离于"中世纪"的欧洲之外，正因如此，它们才得以记录了历史上最广泛的商业活动。

在812年签订的条约中，查理大帝将伊斯特拉、达尔马提亚和拉古纳的威尼斯一道返还给东罗马帝国。免于加洛林王朝的统治，也意味着威尼斯从不久后就展开的一系列足以改变西欧的政治改革中脱身出来，意味着不必受封建体制的压迫。而仅仅定位于拜占庭的保护国，则使它的命运与意大利的其他地区走向不同。不仅如此，在992年的通商条约中，威尼斯商人进出达达尼尔时缴纳的关税大幅下调，在拜占庭帝国内的各个港口都获得了法律上的特殊保护，这些优厚的条件在拜占庭控制下的东方范围内，没有任何地方可出其右。与此同时，威尼斯人还和伊斯兰各国建立了商业关系，十世纪时，威尼斯大使访问了阿勒颇、开罗、大马士革、凯鲁万（在突尼斯，是仅次于麦加的圣地）、巴勒莫（在阿拉伯治下实现了飞跃式发展，西西里首府），收到了保证欢迎威尼斯商品的承诺。每年的固定时间，威尼斯都会有规模庞大的船队从此出发，驶向君士坦丁堡、亚历山大港、叙利亚、塔纳（亚速海），后来甚至还去了西欧的佛兰德斯①。

只能选择自力更生的西方人"做了罗马帝国连想都没有想到的事。他们创造了欧洲。不论是希腊人还是罗马人，都只构建了仅限于沿海狭长地带的地中海世界（Le monde méditerranéen）②"。

我再强调一次，如果不按以上的方式去理解，世界史和世界地理就无法融合。在这个古老的通商圈内，登台的主角轮番变换，但商业本身一直欣欣向荣，而能在贸易活动中迸发活力的商业民族，就获得了君临天下的保障。正因如此，这个通商圈成了角斗场，不同的商业民族你方唱罢我登场，构成了地中海的历史。地中海各地区不该被今天我们所谓的欧洲、亚洲、非洲所撕裂，它的历史理应被统一书写。在它不再是那个全球意义上的商业大舞台之前，即至少在下面4阶段结束之前，我们都要去维护它的一元整体性地位。

只要Orient属于地中海地区——不彻底等同于地中海世界也无妨，这个和Orient不可分割的地中海世界的历史，就是东洋史和西洋史"之间"的历史。首先，我们不能被控制了地中海的北方势力所影响，从他们的角度出发，将东方即

---

①参照迪尔：《贵族共和国—威尼斯》(1928)，第18、20、31页。
②参照格瑞纳德前引书第29、30页。

地中海世界的历史强塞入西洋史,特别是欧洲史中。也许历史,尤其是研究西洋史的日本老师们对此无法接受,但从人文地理的立场出发,这是一个无法妥协的主张。其次,第二次世界大战后,随着美国影响力的增强和全世界对殖民主义的否定,形势再次开始改变。但地中海被放进欧洲之内的时间还得再往前追溯,那恐怕是拿破仑远征埃及之后发生的事情。彼时他们已经看到这个曾经的宿敌——土耳其帝国行将就木。过去仅指迦太基腹地的非洲被推广为整个大陆的名字,不知不觉凌驾于埃及、利比亚等拥有璀璨历史的地名之上,由此可见,地中海南边的大陆对欧洲来说,其历史意义发生了巨大的变化。

4.十四世纪阶段

如前文论述,"已知世界"能扩大到第三阶段,几乎全得益于伊斯兰人的中介商业活动。在向北欧的扩展中,维京人对北大西洋西面和北海方向、巴莱格或巴里阿克的斯堪的纳维亚裔人对从东波罗的海到第聂伯河、黑海的路线分别做出贡献,东方或地中海地区的人们则置身其外。前者多以海盗兼商人的身份出入于拜占庭帝国,或在青年时代成为拜占庭皇帝的佣兵[①]。因此,《埃达》和《萨迦》诞生的八世纪到十三世纪间,斯堪的纳维亚裔人的语言不仅在英国、法国的部分地区,还在从波罗的海南岸、东岸到基辅一带的地方被广为使用,甚至君士坦丁堡都正式承认其地位,皇帝的亲卫兵用的正是这种语言。虽然约旦河以东没有相关记录,但据说里海沿岸的商人之间通用这种语言[②]。九世纪时俄罗斯的建国就是在巴里阿克的加入下实现的[③]。此外,在欧洲人"已知世界的扩大"过程中,没有出现向非洲内陆扩展的趋势,这是由于内陆地带为撒哈拉沙漠所覆盖。

正如前面所说,在第三阶段的扩大中,身为商队主力军的伊斯兰人起了决定性的作用。他们从北非的"日落之地"马格里布抵达中亚,横跨了无尽的干旱地带。伊斯兰教虽兴起于阿拉伯人,但并非出自游牧的阿拉伯人,它诞生于城市的商业性环境,沾染了商业城市的性格和气息后普及开来,通过阿拉伯人的活动,将地中海地区、印度、东南亚各地都

[①] 参照北欧神话,译自冰岛语,其中附有费尔南德·莫斯的介绍和注释(1933),第25—27页及其他,以及饭塚《北纬七十九度》(1938)第48—49页。
[②] 参照贝尔塔·菲尔波茨《埃达和萨迦》(1931),第12、13页。
[③] 参照《俄罗斯与"东洋"的交涉》第一部,《东洋文化研究所纪要》第一册(1942年)。

连接到了一起①。

也许在欧洲人看来，此处至少应该提一提马可波罗的功绩。事实上，马可波罗就像是一只乘着顺风车旅行的候鸟，这趟顺风车则是伊斯兰裔商人和蒙古政权共建并维持着的商队路线——不论是威尼斯的马可波罗还是佛罗伦萨的佩加罗提都对此赞叹不已。要论述"东西交流史"，首先要关注当时交通网的建设者，以及从维持治安的过程中获得切身利益的人们。即便是常常被误认为靠武力获得成功的蒙古帝国，其

---

① 《一千零一夜》对全盛时期的伊斯兰（以巴格达为首府的东方帝国）展开了丰富的描述，包括驱使骆驼队或帆船进行商业活动时的样子、旅行时的方便，以及市场（露天市场）上进行交易的场景。例如："王子出发不久就遇到了前往波斯的商队。于是王子加入商队，跨越野地和高山，穿过沙漠与草原，经过一段漫长的旅程，终于到达了波斯王国的首都。那是一个陌生的城市，王子和关系亲密的商队商人打听了一下，投宿到一个很大的旅店，次日趁着旅伴们打开行李、摆放商品的间隙，急匆匆地出门去大饱眼福一番。随后，王子被带到了这个叫作巴基斯坦的国家（露天市场）的市场。这里有宝石、宝玉、锦、美丽的绢织品、上等的布料等一切贵重的商品……中间人和拍卖主持往来于四面八方，他们大声吆喝着，将美丽的布料、漂亮的羚羊绒以及其他的动人物品进行拍卖。"（参考岩波文库版，第20卷，第133、134页）

除此之外还有很多故事诸如：由巴格达出发的贸易船顺流而下到达巴士拉，沿途在市场上囤购大量可能大卖的商品，再乘上出海远航的顺风船（第10卷，第17页）；船主购买私人船只，雇用船长和水手，为作为船客的商人们服务（同前，第86页）；某运输船行运营着三十艘船，年收益达三万第纳尔（第15卷，第15页）；露天市场的小贩进行商品拍卖（第16卷，第28页）；将即将踏上旅途的儿子托付给顺路的商队领头（第19卷，第81页）；为回到祖国而（接下页）

建国的基础仍然是游牧民和商队资本的共生共利关系[1],而这种关系也可以用来解释蒙古帝国为何瓦解。

明初,元朝遗臣郑和曾率领庞大的船队远征南海。事实上,郑和与伊斯兰人的通商活动有密切关系,他本人还是伊斯兰

(接上页)苦等某个商队的出发(第20卷,第142页);"把从中国到伊拉克之间的全部骆驼都集齐",用以比喻数量之庞大(第23卷,第70页);某人拥有八十头骆驼,"在国家商用和巡礼期间,会把骆驼借给商队,由此获得巨大的收益",最后越来越想"成为最富有的牵驼人"(同前,第219页);半夜逃狱的男子早上等待城门开启,匿于人群成功出城,看到一群风尘仆仆的外国人时请求让自己加入(第23卷,第220页)等。

在此建议对马可波罗评价过高,以为他独自横穿旷野完成探险的人们读读这些故事。

[1] 参照本书《世界史与游牧民族——以成吉思汗的霸业为中心的人文地理学考察》。《一千零一夜》中也可看到相关故事:一位父亲面对着自己执意要离家远行的儿子,只好为他准备了五十头骆驼可背负的商品量,在告诉他做生意时需要注意的事项后继续道:"我儿啊,愿真主保佑你,愿你的前路一片坦荡!尤其是在'狮子沙漠',当通过一个叫作'犬之谷'的地方时,要务必当心。那里是劫路贼的巢穴,里面的老大绰号'疾风',是一个善于突袭的贝都因人",然后叫来了牵驼人和牵马人的老板,将儿子的安全托付于他(第9卷,第92、93页);"我在年轻的时候,过着自由的沙漠生活,当商队途经我的部族领地时,我向他们收取过路费并保护他们(这里应该指的是在自己部族地盘内的移动生活)"(第21卷,第87页)。

教徒，这是我们需要知道的历史背景①。而在印度洋，晚于郑和近一个世纪才登场的达伽马一行，在抵达非洲东海岸的马林迪后，靠着世代以领航为业的伊斯兰教徒才找到卡里卡特。这一事实②证明了，将达伽马称作印度洋航线的发现者是一个多么具有相对性的概念。在此之前，他们一行曾多次擅入伊斯兰裔商人们利用季风而盘踞了几个世纪的印度洋地盘。第一次欲停泊卡里卡特时，他们甚至完全不是伊斯兰商人们的对手，狼狈地逃走了。而郑和虽然七次下西洋，却没有一直持续下去，更没能像欧洲人走向印度洋一般，在世界商业史

---

①中国明初郑和七次下西洋的时间和终点分别为：第一次，永乐三（1405）~五年，到达卡里卡特；第二次，永乐五~七年，同前；第三次，永乐七~九年，同前；第四次，永乐十一~十三年，主力船队到达霍尔木兹，支队到达非洲、阿拉伯，十四年返回；第五次，永乐十五~十七年，主队到达霍尔木兹，支队到达非洲、阿拉伯；第六次，永乐十九~二十年，主队到达亚齐、暹罗，支队到达非洲、波斯湾；第七次，宜德五（1430）~八年，主队到达霍尔木兹，支队到达阿拉伯的麦加。以上根据石田干之助《关于南海的中国史料》（1945年，生活社），第262页年表。

在我发表的《纪要》旧稿中，就马林迪代代以领航为业的伊斯兰教徒，还插入了一句补充说明："根据东洋史某教授说的间接信息，可能是波斯人"。值此改版机会，我将上述二十字删除。这是因为在旧稿刊发后不久，前鸠信次教授给予我如下建议：你引用某氏的观点，说"将瓦斯科·达伽马的船队引向卡里卡特的伊本·马吉德也许是波斯人"，但"马吉德自己也留有著作，他是土生土长的阿拉伯人"，前鸠教授编著的《西亚史》（1955，山川出版社）写道："1497年，瓦斯科·达伽马绕过喜望峰，次年在阿拉伯人伊本·马吉德的指引下到达卡里卡特"（同书，第351页）。（接下页）

上开辟出一个新时代。这大概是因为他最多只有宫廷贸易的性格特征,与商人的营利活动存在根本性的不同吧。

总之,到该阶段之前,即在迄今为止的几个世纪之前,欧洲并没有在勒让德所谓的"已知世界的扩大"中发挥主体性地位。他们任由自己沉溺于别人推进的"地理视野的扩大"中,甚至是不屑一顾,背道而驰。

这里有三个极易被我们忽视的问题需要特别强调。

第一,当时在东方即地中海地区、印度洋以中介商业为基础的生产活动中,起主导地位的生产关系是什么?

(接上页)1952年,阿伦·维利尔斯发表了题为《印度洋》(*The Indian*)的单行本。据说在船和大海方面,他比现在的任何作者都拥有丰富的知识——他自己曾多次乘着帆船,登上活跃于印度洋的阿拉伯人使用的大型帆船(dhows),从波斯湾到阿拉伯沿岸,再南下到东非海岸的桑给巴尔及鲁菲吉河三角洲,之后北上到科威特,共用时一年。特别是,他还涉猎了在葡萄牙进行海外扩张时里斯本的航海家所留下的文献。第二次世界大战时,他甚至指挥运输船队,载着从美国借来的物资活跃于孟加拉湾和新加坡之间。这本书更偏向科普性读物。书中维利尔斯介绍了很多细节,如达伽马在出发时特别请求带几名阿拉伯语翻译共同前往,一直等到蒙巴萨的阿拉伯人酋长为自己派了有名的领航人——伊本·马吉德后才前往卡里卡特;这名领航人拿着非常详细的航海图;葡萄牙船速度缓慢,条件相同的情况下,阿拉伯的三角帆船能走11、12节,葡萄牙船最快只能走8节。

不过不知道为什么,他并没有言及"达伽马给这位领航人展示了自己引以为傲的包括星盘在内的航海工具时,这个'摩尔人(指伊斯兰教徒)'没有表现出丝毫惊讶,对此达伽马十分泄气(参照《亚洲中的日本》第67页,普及版第69页)"。

彼时，很多漂亮甚至极为精巧的纺织品、工艺品等随香辛料、水果干一起被进口到西方。也有各式各样的手工业品，这种手工业品不是为了满足普通民众的需要，它的客户仅限于王侯贵族、上层官僚和豪商，因此其中并没有民间工艺，只有真正达到艺术水准的东西才上得了台面。产品凝结了专属匠人的技术，在王室御用的工房内生产出来。不难想象，一旦出口到西方，作为"东洋式奢侈"（Oriental luxury）的象征，它会吸引多少西洋人的眼球。对统治者来说，将工房内精心打磨的富余产品用来兑换外汇，确实是一桩非常诱人的买卖。至于出口到哪里，是东方还是西方，就是贸易商自己的事了。此外，身为批发商资本的商人还掌握着劳动力资源，抑或是直营着工房来督励劳动。而在城市郊区、商业城市之外及田园之中，村庄专属的类似匠人不能说没有，甚至有不少，但这部分人的产品只用于满足当地需求，贸易量（包括以货币为媒介和易货交易两种形式）极为稀少，很难想象会销售到外部或出口到国外。

遗憾的是，如今不少经济地理类书籍仅限于叙述哪里生产小麦，哪里储藏着煤炭，尚未关注生产关系的问题，所以也不能只挑历史研究者们的毛病。一些重要的问题在书中未曾获得介绍，如当时的贸易品中除了极为有名的香辛料之外，果实以及其他农产品的生产组织是什么样的？它们在进入市场前经历了什么程序？是领主、大商人以农场直营的方式驱使农奴进行生产，还是以领民缴纳年贡的形式进行调配？不仅如此，游记或故事中有只言片语的介绍也好，但据我所知，没有相关记录[①]。在蔑视勤劳的社会中，从事生产、出卖劳力只属于奴隶或农奴的宿命，彼时的统治者、服务于统治者的喉舌们、具有知识分子性质的读书人在面对这个自己寄生着的生产关系时，也不曾想过去分析、去深入地记载。

总之，在我们所能触及到的范围内，还没有找到关于该方面的社会经济史类研究成果。即便是西欧，也是到近代市民社会成立之后（更准确地说，是在法国大革命之后[②]），普通民众才登上了历史记述的舞台，人们才意识到了研究土地制度的重要性。因此，哪怕我们现在拥有阅读阿拉伯文或波斯文文献的能力，也不过是大海捞针，无能为力。

[①] 正如前面所述，这个长篇巨制的民间故事中，关于大小中介商业的内容随处可见，介绍生产和生产关系的内容则极为罕见。例如，创立最大的印染工厂，"配备四十个很大的桶，四十个较小的桶"（第14卷，第124页）；制绳是适用于家庭内包销制度的工作，这份工作的工资按个人的工艺质量进行日结，并非定额薪金制（第22卷，第207、208页）；此外还提到了制糖的工厂，但仅限于提示有这样的工厂，未作深入介绍。

[②] 请参照饭塚《历史的推动力——论可将其作为历史学问题的社会的成立》（《比较文化论》，1948年，白日书院），尤其请关注第三节。

第二，倘若贸易并非王侯直营，这些用于出口的商品是通过什么途径到达外国贸易商人的手中？又是如何集货的呢？要知道,一些获得特许的外来商人（类似中国的买办商人、英国君主制下的主食商人）虽然能参与国内的集货，但也只能待在港口或港口的洋行而已。即便是当今，亚洲内陆的部分地区仍然实行着一揽子委托的销售方式，在那里，外来商队带来的一切商品会一次性交付到城镇的长老手中，由长老和他们敲定所有商品的总价，各个商品最终以多少钱卖到城镇居民的手中，则和商队无关。局外人终究是局外人，他们甚至不被准许在城墙外开露天市场。

明确集货的问题，有利于弄清楚在接下来的第（5）个阶段中，曾盘踞于印度洋许久的伊斯兰裔商人在面对来自欧洲的竞争对手时，为何会如此轻易落败。要是他们当初能做到对集货过程的深度参与，就不会如此简单地被换下场了。

对于出口品集货商（相当于中国的买办商人、英国的主食商人）或王侯自身来说，外来的贸易商人不管是早已熟识的伊斯兰教徒、阿拉伯人、波斯人或埃及人，还是毛色迥异的新面孔，买卖就是买卖，谁价格喊得高就和谁成交，这是理所当然的事情。正如涌到印度洋的欧洲人之间会为了利益而彼此竞争，当地的伊斯兰裔集货商之间，或统治阶层内部也会为了吸引外商而使出十八般武艺。如此一来,从前的波斯、阿拉伯或埃及等国的贸易商人也好,绕过非洲南端的欧洲裔商人也罢,二者中谁的手头更阔绰,谁就能获得优势地位。由于伊斯兰裔商人占据的地盘只有"旧大陆",独占着"新大陆"的欧洲裔商人便有了大量可投入到印度洋贸易的金银财物,这成为比武力更重要的决定性因素之一①。

第三,从东方出口到西方的商品是什么?这在现存的大部分书籍中都有记录,但作为等价交换的手段,从西方出口到东方的商品又是什么呢?倘若缺乏后者,贸易就会成为一种单向贸易,可欧洲人在写世界史概论或世界史教程时,似乎都不太愿意触碰这点。更令人惊讶的是,一些被改编为日语的书从未探讨过这点,却没有人觉得有何不妥。

据说造船用的木材曾进口到东方,塞浦路斯岛一带是集散地。也许因为这种移动发生在东地中海地区的内部,故未被算作是从西方出口的东西。而在经济生活陷入低谷的中世纪欧洲,自给自足的农牧生活占据支配性地位,没有像样的产业也意味着他们没有可以用来出口的商品。受制于缺乏对外支付的金银,身为矿产国的南方德国重开罗马时代的废

---

① 该部分是我对小论《历史与地理》第 255、256 页内容的补充。

坑①,后又恢复与地中海对岸、北非港口的接触,大肆收购商队从迦太基、瓦赫兰或苏丹带回来的金子②。而说到从西方出口、难得让中介商赚得盆满钵满的,却是不太见得了光的商品——奴隶。弗朗索瓦·路易斯·甘索夫(Francois L.Ganshof)在写作欧洲中世纪的国际关系史时,将法国作为对象,指出在半无政府状态、生活水平日益降低的法兰克王国,"从莱茵河东岸掠夺的奴隶几乎成为他们向外国出口的唯一商品"③。

巴里阿克通过第聂伯河商路为拜占庭帝国带来了商品,主要有俄罗斯森林地带产出的皮毛、蜂蜜、蜡,以及作为奴隶在市场上被交易的斯拉夫人。从发音上也能看出,这里的"slave"源自"slav"。根据马克·布洛克的研究,"大约十世纪前后,斯拉夫俘虏们开始完全区分于西方的原住民农奴,作为一种彻底的隶属范本被置于人肉市场",由此产生了"奴隶"一词④。随后,君士坦丁堡、威尼斯成为向"新大陆"贩卖黑奴的利物浦的"榜样",在历史上留下了因贩卖白奴而繁荣的不光彩的一页,里斯本亦如此。

---

①参照加斯顿·泽勒:《现代国际关系史——从克里斯托弗·哥伦布到克伦威尔》(1953),第31页。
②参照前述弗朗索瓦· 路易斯 ·甘索夫,第114页。
③参照同上,第17、18页。
④参照马克·布洛克《历史学家的技艺》,第81页。

当然，容易成为话题的不仅仅是后宫女奴，还有东方市场对奴隶的具体需求①，例如想要的是家奴，还是给苏丹、摩诃罗阇做亲卫兵的奴隶，抑或是用于劳动生产的奴隶。总之，专制统治者似乎严重依赖着从国外买来的壮丁，只要能当亲卫兵，管他是欧洲来的还是哪里来的，都无所谓。

它带来了极为悲惨和愚蠢的恶果，如儿童十字军最终沦为了人身买卖的牺牲品。之所以奴隶成为出口东方的重要商品，是因为在西方，奴隶买卖本身是极为盛行和普遍的，就连寺院里都能看到奴隶的身影。哪怕我们采纳后世西欧学者的观点，奴隶交易真正消失也是诺曼征服英格兰之后的事了。德国的奴隶买卖大概终止于十一世纪，这是由于伊比利亚的撒拉森人从购买斯拉夫奴隶转为购买黑人奴隶②，因此里斯本逐渐成了买卖黑人奴隶的主要市场。不过威尼斯直到十二世纪都维持着向伊斯兰各国出口奴隶的传统生意，说明仅用买家嗜好的变化来解释这一现象还远远不够。在欧洲靠西的部

---

①《一千零一夜》中关于奴隶买卖的内容俯拾即是。在巴格达女奴市场开市之日的故事（第22卷，第125页）中说到奴隶的出身时，列举出了如下地点：西卢卡西、伊奥尼亚、极北诸岛、埃塞俄比亚、伊朗、呼罗珊、阿拉伯、罗姆人之国、安纳托利海岸、锡兰、印度、中国等。"罗姆人之国"指东罗马，广义上还指欧洲。
②参照弗朗索瓦·路易斯·甘索夫：《中世纪国际关系史》（1953），第98页、第243页。

分和东边黑海各港的腹地之间,存在着奴隶供给源的地域差异,不过至少欧洲西边的变化是由其自身历史变化所引起的,这可能是欧洲内部经济复兴带来的,抑或是国王打破封建制度的军备桎梏,大量雇佣兵队员带来的,还可能是农村社会冗余出来的壮丁开始有了新工作而带来的。不过到目前为止,我还没有看到相关方面的文献资料,这里仅作个人推测,浅尝辄止。

十二世纪以后,热那亚、比萨先后开始和威尼斯形成激烈的竞争。这种竞争关系催促这些意大利的新兴商业城市与北非港口、迦太基、瓦赫兰等地结成商业关系,在那里大量购入金子、明矾、蜡等商品。青年哥伦布曾供职过的热那亚大商会 Centurione 专门销售毛织品、绢织品,它是马尔凡特(Malfante)探险旅行的背后金主[1],甚至支持他深入到撒哈拉沙漠的图瓦特去淘金。由此可以看出,当时的热那亚为了获得能和伊斯兰各国通商的金银,注入了多大的精力和热情。

---

[1] 参照加斯顿·泽勒:《现代国际关系史——从克里斯托弗·哥伦布到克伦威尔》,第 31 页。马尔凡特的沙漠探险发生于 1447 年。罗马的非洲博物馆展览着标有其探险路径的地图。图瓦特位于北纬二十五度左右,大概在地中海的奥兰和尼日尔流域的加奥或廷布克图中间,是一片绿洲群。也许是被一望无际的沙漠震慑住了,马尔凡特之后无人继承他的意志。第二次进行非洲探险的是意大利人米阿尼(Miani,1859-1860),第三次是杰西比萨(Gessi-Piazzia,1876),探险目的各不相同。第一次和第二次之间有四个世纪的空白期。

5. 十六世纪阶段

到十四世纪为止，印度洋、波斯湾、红海和贯通东西内陆的商队交通，都被纳入了伊斯兰把控下的通商圈内。在地中海地区，如今的西西里无疑是欧洲的一部分，但从九世纪到十一世纪后半期，却直接被纳入阿拉伯的统治之下，其北岸的良港巴勒莫作为商业中心，更是将北非、西班牙、南意大利连为一体。彼时的巴勒莫深度参与到伊斯兰世界中，获得跨越式的发展，规模甚至凌驾于十个世纪后的今天的巴勒莫。正是靠着阿拉伯在巴勒莫缔造的经济繁荣，到十二世纪，当一小撮诺曼人获得西西里的统治权时，这里迎来了欧洲后世历史学家、美术家所讴歌的"中世欧洲之花"的荣光。因为诺曼王朝深知，王国的繁荣有赖于拥有先进文化的阿拉伯（拜占庭文化）人的创意和能量，因此并未和欧洲大陆一般走上迫害异教徒的愚路。

此外，（希望）众所周知，为我们在格拉纳达留下阿尔罕布拉宫的伊斯兰政权从伊比利亚半岛消失，是在1492年。同一年，哥伦布首次开启了穿越大西洋的远航。据说，基督教徒们夺回格拉纳达后，声称要抹去伊斯兰的色彩，最终却只想到往这座绚烂五彩的宫殿的墙壁涂上白色的灰泥[1]。当然,正所谓"东方始于比利牛斯",倘若他们真做了更为出格的事,一定会被憧憬着东域风情、如朝圣者般涌向西班牙的浪漫主义者们[2]记恨吧。

在地中海的东边,一直掌控着色雷斯的奥斯曼·土耳其终于在1453年达成夙愿,攻略了君士坦丁堡,拜占庭帝国从此消失。1497—1499年,当瓦斯科·达伽马绕过非洲南端,开辟了通往印度的新航线后,西方与东方之间的贸易形式开始发生深刻的改变。不过在此之前土耳其政权对地中海沿岸的贸易商人,以及同为伊斯兰教徒的阿拉伯商人采取了何种政策,它对转口贸易为何几乎禁止课税?关于这点我希望能听到结合土耳其政权的性格特点所进行的相关解说。

不过,即便都处于地中海地区,拥有亚历山大港、君士坦丁堡、威尼斯等大型商业中心的东半部分和西西里以西的部分仍然不同。因此在讨论为何开辟新航线时,我们不能把

---

[1] 早在二十五年前,我在法国的索邦大学留学时读到了相应的文献,因为作者和书名已记不太清,便趁着去西西里、北非、西班牙旅行之前利用春假集中寻找该方面的文献。也许是在图书馆借阅的书上看到的,也许是正好在战火中遗失的那部分书上,我翻遍了家中私藏文献中有可能出现的地方,还是没能找到明确的出典。但这段材料着实给我留下了深刻的印象,在此希望和大家分享。
[2] 参照本书《东方始于比利牛斯》一文。

原因归结于奥斯曼帝国对东地中海的占领。相反，我们要思考以新兴伊比利亚王国为代表的欧洲为何开始热衷于向地中海之外发展，这才是其本质的原因。如果欧洲内部仍然停留于一千年之前，从属于那个主要在地中海活动的罗马帝国，如果它没有诞生出自主发展的原动力，那么即便环绕非洲的路线被开辟出来，也不可能成为"西力东渐"的序幕。

查理时期的欧洲还是封闭的农业社会，那时城市衰微，商业如将息之火般羸弱。而当田园欧洲消失，焕然一新的欧洲登上舞台时，富有冒险精神的船员们承载着来自船主、商人、投资方的金色梦想，驶向世界的七大洋。此时才是欧洲人真正实现"地理大发现""扩大已知世界"的时期。阿拉伯商人也好，伊斯兰裔商人也好，他们的活动终究仅限于"旧大陆"的范围。直到这次，包括欧洲人"发现"的"新大陆"在内，世界各地才第一次以包裹整个地球的形式，遵循各自的命运，在自己的编年史中记下了"南蛮舶来"的一页。此后，欧洲各国（这里称作各国，但其实还不到严格区分国籍的时候）开启了争霸的时代。

不过，上面的论述还没有解决最关键的问题。我们没有任何证据证明，如果欧洲出现了贸易商人，他们就一定会打败自己的竞争对手，夺回家乡的通商权或占领对手掌控的通商地盘。

争夺贸易的事件的确没有发生,但征服者们抵达拉美大陆后掠夺金银,残暴狼藉的行为着实让欧洲的史学家们蹙眉。这些征服者在欧洲的时候就是佣兵(不同于封建诸侯的亲兵,当时的国王原则上使用佣兵),习惯用战场上掠夺来的东西补给自己微薄的军饷。到了新大陆后,他们复制了以往的做派,只是对手成了连火器和战马都没见过的原住民,这让他们的行为更显得肆意妄为。与此不同,在文化发达、人口众多的亚洲,人们身兼战士(海盗)和商人两个角色,于二者之间灵活转换。得益于此,在进入工业化时代的部分欧洲国家扛着坚船利炮出现[①]之前,双方的胜率基本维持在五五开。如此一来,我们更有必要探明商业竞争究竟经历了怎样的过程。

还有一点,在以西班牙、葡萄牙为首的欧洲拥抱"七大洋"之际,借"东方摊位"之便而得以繁荣的威尼斯共和国遭遇了怎样的命运?

彼时的威尼斯商人事实上垄断了东地中海贸易,其特权地位让拜占庭帝国的希腊人都极为反感。不过十二世纪时比萨、热那亚开始参与黎凡特贸易,皇帝们多次下放特权,促

---

①有关武器·兵力的问题,参照《亚洲中的日本》第二篇第三节《让祖先都陪着受挫》。

使它们在和威尼斯的竞争中获得优势,导致黎凡特的所有港口都形成三足鼎立的局面。

十字军的远征与身为商业城市的威尼斯具有密切的关联。第四次十字军(1202—1204)进攻的不是别的地方,正是东罗马帝国的首都君士坦丁堡。为了维护自己岌岌可危的商业地位,继续从东方=东地中海贸易中汲取丰富的养分,威尼斯只能选择粉碎拜占庭势力,然后建立属于自己的殖民地。它对十字军的利用,正是积极打破这一僵局的手段[1]之一。此后,威尼斯的征服大业从亚得里亚海东岸扩展到希腊半岛,再远及克里特(1212—1645)、塞浦路斯(1489—1517),构筑起一个代替东罗马帝国的威尼斯商业帝国的版图。

十五世纪,圣马可城看似富甲一方,但在世纪之初,东方土耳其的势力已明显扩大。而在大西洋的一边,葡萄牙人正一步步拓展着从非洲南端通往印度洋的航线[2],这给威尼斯的传统转口贸易带来毁灭性打击,其影响之大远超过土耳其蚕食东方所带来的困扰。

1487年11月,巴尔托洛梅乌·迪亚士抵达喜望峰。十年

---

[1] 参照迪尔:《贵族共和国——威尼斯》第44页。
[2] 1415年葡萄牙人占领休达,拉开了沿非洲南下大西洋的序幕。1445年到达佛得角。

后的1498年,瓦斯科·达伽马率领三艘船,航行十个月[①],最终到达卡里卡特。这个东洋的海港城市动辄同时停泊五百到七百艘船,珍贵的香料、宝石、珍珠等应有尽有,目睹其活跃的盛况和琳琅满目的市场,葡萄牙的航海家们都惊叹不已。随着欧洲人直达印度洋的航线被开辟出来,通商体制发生了颠覆性改变。

根据著名的拜占庭文化专家查尔斯·迪尔的研究,一公担(50千克)生姜在亚历山大港卖十一克鲁扎多[②],在卡里卡特则只需四克鲁扎多。一公担胡椒在卡里卡特大约值二达克特[③]半或三达克特半,在亚历山大港则往往需支付八十达克特。被运到里斯本的胡椒以四十达克特成交,即便随后降到二十达克特,商人仍有巨大的盈利空间。1503年,瓦斯科·达伽马船队装载的宝石、珍珠、胡椒、肉桂树皮、水果等货物约合三万五千公担,总额一百万达克特,而装备船队和支撑远航所需的费用还未超过二千达克特,故贸易公司的利润也连带着

[①]三艘船分别为圣加布里埃尔、圣拉佛埃尔及轻帆船贝里奥。此外还有一艘货船同行,但中途损坏,货物被转移到其他三艘船上。据威廉尔滋说,去时从梅林多到卡里卡特,横跨大西洋需四周,回时和马吉德带领的去路不一样,约三个月才到达梅林多,船员的三分之一都死亡,是一次非常艰难的旅程。
[②]十六世纪到十九世纪间在葡萄牙流通的货币名称。——译者注
[③]欧洲从中世纪后期至二十世纪期间,作为流通货币使用的金币或银币。——译者注

水涨船高,为此次航海出资仅二千达克特的一家公司获利高达五千达克特。这让仍通过埃及大商人在亚历山大港市场上采购印度货物的威尼斯,陷入无法与里斯本抗衡的境地[①]。

在还未开拓印度洋航线的十五世纪末,调料在贝鲁特和亚历山大港的市场上供给充足。1498年,它的库存多到威尼斯商队无法全部买断,然而1502年形势急转直下,来到贝鲁特的威尼斯货船只买到了四袋胡椒,去往亚历山大港的五艘船也有一半空载而归。到1504年,从埃及回来的船都竹篮打水一场空,此后只要能装满一半都算幸运。这不可避免地带来了威尼斯物价的高涨。1510年之后,苦于在威尼斯买不到足够的商品,维也纳的德国商人们决定去里斯本采购,旁边的意大利也同样调转了方向[②]。

面对现实,威尼斯没有坐以待毙。1520年,威尼斯向开罗派遣密使,诉说调料交易从苏丹转移到葡萄牙后会给埃及带来多么严重的财政损失,甚至煽情道,如此下去威尼斯也不得不斩断情谊,放弃亚历山大港的市场。苏丹出于自身利害,劝说印度王侯把葡萄牙人从印度的各个港口赶出去,毕竟埃及和阿拉伯商人在东亚也有重要的生意,不优先照顾他们而

[①][②]参照迪尔:《贵族共和国——威尼斯》,第186-191页。

接近外国商人，则恐顾小失大。同时，威尼斯还请求埃及的苏丹将亚历山大港出售的调料尽可能降价。1504年，威尼斯进一步加强交涉。此时共和国内出现了一些不同的声音，认为既然拼不过里斯本，不如放下心结去里斯本购买调料。为了阻止葡萄牙的雄势，威尼斯大使加强对苏丹的工作，让其把所能调配到的调料全部投放到市场，并警告印度王侯与葡萄牙发展关系所蕴藏的危险。对威尼斯而言，它已经做了外交上能做的一切努力，但形势却越发严峻。另一方面，威尼斯也无法和葡萄牙达成妥协，虽然后者愿意提供尽可能多的商品，但绝不肯放弃对印度市场的垄断。威尼斯本就不愿意屈居从属地位，更糟的是，土耳其的威胁越来越大，将它的舰队死死牵制在地中海海域，使其无暇执行远洋任务[①]。

整个地中海即将被时代抛弃。随着东西方转口贸易的路线从地中海世界转移出去，曾指使十字军夺取拜占庭帝国的商权，凭东地中海贸易要冲而富甲一方的威尼斯（以及亚历山大港、贝鲁特等），沦为一个地方性商业中心。在无法抗拒的时代巨轮前，威尼斯共和国一手打造的商业帝国定格在全盛期的模样，丧失了存在的理由。想来，其快速陨落正是将

---

①参照迪尔：《贵族共和国——威尼斯》，第186-191页。

转口贸易作为唯一手段的商业城市所固有的性格特色,同样的情况,倘若靠"世界工厂"成为"世界商人",则断不会崩溃得如此惨烈。

此外,前文提到了热那亚为挑战威尼斯而四处奔走收集金子。关于这点,哥伦布出身于热那亚绝非偶然。热那亚意在获得苏丹的金子,哥伦布服务的葡萄牙在淘金方面也最为积极[①],可以确定的是[②],葡萄牙人沿非洲南下时的野心之一,便是去寻找金子的产地。这在很大程度上左右了哥伦布对《马可·波罗行记》的理解方式。

在支付方面,无论威尼斯、比萨、热那亚的商人怎样广为收集,他们能给东地中海各港口提供的金子都无法超出"旧大陆"所产的范围(暂不论金子代替了用于交易的奴隶,淘金成为当务之急),印度各港口的埃及商人和阿拉伯商人也是如此。而在哥伦布发现"新大陆"之后,登上印度洋港口的葡萄牙商人开始依靠"新大陆"产出的新金银。印度的王侯们之所以置威尼斯的焦虑、苏丹的请求于不顾,较埃及人、

---

①根据加斯顿·泽勒《现代国际关系史——从克里斯托弗·哥伦布到克伦威尔》第31页,哥伦布首次长期访葡是在1474之后的十年间。在此期间对寻找金子极为关心。

②参照麦卡洛克的《地理辞典》,第一卷(1864),非洲,第36、37页。

阿拉伯人，更欢迎葡萄牙商人，其背后正有"新大陆"金银的影响。

6．十八世纪

关于该阶段，仅匆匆一笔带过。

欧洲国家在打破封建生产关系，具备发展生产力的条件后，将他国纳入自身市场，一跃成为世界工厂、世界商人。而拥有数千年文明、靠剥削奴隶或农奴、将寄生性消费文化发展到荼靡的亚洲国家反而受困于传统的生产关系，前进受阻，因此在世界市场洗牌的过程中，不得不处于被动的地位。部分国家在面对以伊比利亚王国为首的欧洲国家时尚具备抗衡的实力，但在迎来以工业国英国为首的近代欧洲时，陷入了单方面被动挨打的局面。这一时期，欧洲成为世界的中心，世界史＝近代欧洲眼中的历史亦作为一种错觉开始风靡。

7.现代

资本主义经济绝不允许自己的世界市场留有空白，到十九世纪末，市场的洗牌基本完成。在资本主义列强看来，这意味着将世界分割为各自的势力范围，并且随着彼此实力的消长，地盘的二次分割即将到来。但事与愿违，今后等待他们的是殖民地各民族解放斗争的兴起。

以资本主义经济为基础的"世界欧洲化"从权且形成到实现当今之局面,仅过了半个世纪。

这个曾被亚里士多德评价为"勇敢活泼但缺乏智慧和技术"的欧洲,这个因隶属罗马帝国而泽润到东方即地中海世界文化的"蛮族"的欧洲,终于因为它的欧洲身份而成为世界的中心,因为"白人"是"白人",而可以无条件地凌驾于"有色"人种之上、以优越者和支配者的身份为所欲为。饱受时代熏陶成长起来的一位"精英"——西格弗里德后来只能发自肺腑地感慨:"不知从何时起,世界重心就牢牢坐落在欧洲。但第二次世界大战结束后,世界重心离开了古老的欧洲,转移到其他地方"(西格弗里德)。

不过在我看来,所谓"不知从何时起""古老的欧洲",其实是一种严重的自我欺瞒。况且这位"精英"在别的场合也坦率地说过:"阿拉伯人比欧洲的文明更先进,他们富于创意,拥有理性的自由(虽然近代欧洲人更愿意相信这是欧洲的特产——引用者注)"。同时,他承认所谓"地中海是阿拉伯人的湖"的时代持续了很长时间,也无意用"撒拉森海盗横行,地中海商业衰退"的空泛说辞来将这段历史糊弄过去。

尤其是，他思维灵活，在思考问题方面不受年龄的束缚[1]。或许正因为如此吧[2]，身为人文地理学者的西格弗里德教授虽然在法兰西公学院开设了政治、经济地理学讲座，在日本却只被介绍为记者、评论家。不管怎样，连这样一位善于打破常规的学者都发出了如此的感慨，欧洲"近代"之姿可见一斑，而在短短几代之内既成观念就建构得如此扎实，又可见其魔力何其之大！

本稿原为《东大东洋文化研究所创立十五周年纪念论文集》而作。此次，本文对第二章进行了大幅增补，在各章各节中补充的注也出乎意料的多，导致整体字数可能超过旧稿一倍。

在重读当年一气呵成的百页旧稿时，我发现明明在撰写时脑海中一直有亨利·皮雷纳的身影，但翻遍了各节的注释，均不见其踪迹。为表歉意，我在第三章"公元前二世纪到

---

[1] 参照饭塚《综合研究问题》(人文科学委员会季刊《人文》第二卷第一号，1948年2月) 第90、91页。
[2] 安德烈·西格弗里德有许多著作被译为日语，但就我所知，首次将他介绍为政治、经济地理学者的译者，是外务省的鹤冈千仞，原著题目是《美国图表》(1954)。请参考该氏译著《美国、国土和国民》(上卷，1959年，有斐阁) 的译者序言。

十四世纪的阶段"的注 39 中补充了他的名字。

年轻时的留学经历拓宽了我的见闻,在那个飞机还没普及的年代,我乘船从北非地中海地区到斯堪的纳维亚半岛,再继续接近船能到达的北部极限(从冰岛到斯匹次卑尔根),较为丰富的旅行经历和对相关书籍的阅读经历让我认识到,我们日本教育界使用的世界史、西洋史的结构与观点是多么的片面甚至偏颇。而将我从对这一问题的反省引向做学术方面的论证的,正是皮雷纳有关中世纪欧洲与地中海商业的社会经济史研究。皮雷纳在用语等方面并未摆脱欧洲特有的偏颇,我也无法信誓旦旦地说自己将他的作品已全部消化。但是如果皮雷纳未曾基于良心,打破先见,我今天也无法做出如此的考证。正如英国的约翰·莫莱评价 J.G. 赫尔德时所言,他之后的人们接受了他的观点却不曾意识到,说着他说过的话而不自知。换句话说,我们因为处于他的影响之外而追不上时代的脚步。皮雷纳于历史学的地位如维达尔·德·拉·白兰士于人文地理学的地位。

最后我要特别申明,亨利·皮雷纳的名字在本文中仅出现过一次,但这并不意味着小论没有承蒙他的学术恩泽。在此,我对《穆罕默德与查理曼》的作者致以深深的敬意。

第二部
阿拉伯的西西里,诺曼的西西里
——东方即地中海文化史的缩略图

一、阿拉伯的西西里

1. 希罗多德描绘的西西里

西西里位于意大利和突尼斯之间,它宛如一块巨大的踏脚石,将地中海的水面劈成东西两半。按照今天的常识,西西里属于意大利领土的一部分,故也是"欧洲的西西里"。事实上,这个岛屿的东北部分直逼长靴形意大利半岛的足尖之处,墨西拿和雷焦卡拉布里亚间的海峡最窄处仅有四千米,从船上看,两岸仿佛近在咫尺。而在历史上,正是因为诺曼人跨越海峡,将西西里和南意大利统一管理,其建立的国家才得名曰"两西西里王国"(Royaume des Deux-Siciles)。

如今的西西里虽然被视为欧洲尚欠开发的代表区域,但彼时,地中海还是地区贸易的流光舞台,这里你方唱罢我登场,各民族或为开拓殖民地,或为得到有利的通商据点而展开激烈角逐。

在希罗多德的《历史》中,西西里首次出现于这样一段记录中:当代独一无二的"竖琴名家"阿里昂(前七世纪)"到意大利和西西里后获得了巨额的财富",提示我们这位演艺界的艺人可能有一位非常慷慨的赞助人(卷一,24节)。此外还有:希腊军来到西西里之后,"便在与腓尼基人和埃盖斯塔的战斗中失利被杀"(卷五,46节)。波凯亚人狄奥尼修斯乘船去腓尼基,"他在那里击沉了几艘大商船,劫获了无数的财富,随后又驶往西西里,以西西里为据点,干起海盗的勾当来"(卷六,17节)。盖拉夺取锡拉库萨后,加强对此地的治理,"很快就繁荣昌盛起来"(卷七,156节)。"一个波斯人准备在海列斯彭特架桥,集结东方所有大军从亚细亚攻来",危机当前,希腊派遣使团向锡拉库萨求援。对此盖拉情绪激昂地反驳道:"卿等真是自私自利,不顾他人死活,但我不会向你们的所作所为进行报复,如果让我当希腊军的大统帅,我愿送出两百艘三段桡船,两万重兵武装,两千骑兵,两千弓手,两千弩兵和两千轻骑手去支持你们。此外我还保证负担全希腊军的粮食,一直到战争结束"(卷七,157-165节,卷八,3节)。由此可知,西西里在这位"历史之父"的作品中多次出现,贯穿始终。

在盖拉持观望态度的波西决战中,希腊的海军组成如下：雅典出一百二十七艘船,科林斯出四十艘船,迈加拉出二十艘船。最终集结在阿尔铁米西昂的希腊舰队,"共计二百七十一艘船,还有五十艘橈船不计在内"(卷八,1、2节)。由此可知当时西西里在地中海世界的地位之高、锡拉库萨的财力之雄厚。而从盖拉的回答也能推测,西西里彼时可能已经是地中海世界的粮仓。

总之,希罗多德的上述文字生动形象地告诉后世,在历史上,这个位于地中海中央的岛屿从未被阴影遮蔽,相反,它早早便霸占了能沐浴到灿烂阳光的上好席位。

修昔底德的伯罗奔尼撒战争史(前431—前404年,不过他只写到了前411年),抽出很大篇幅记述了导致雅典帝国加速没落的西西里远征(前415年)。据说希罗多德在奥林匹亚诵读了《历史》中的片段,年少的修昔底德不觉听得入神,感动落泪。风水轮流转,后来修昔底德的作品成为后世政治家的精神食粮。虽说将这古典中的古典作为学习当时西西里风情的入门书,显得大材小用,但该书中描绘的西西里无疑也是必须加以重视的西西里。"除去拥护雅典的纳克索斯和卡塔尼亚之外,还有七个城市",这些城市之间没有支配和隶属的关系,不将雅典当作压迫的解放者。他们有足以和雅典匹敌的军备,国家富强,马匹充足,粮食自给,在这点上西西里最为突出……以上出自尼西阿斯之口[①],他试图阻止市民们想要派兵的鲁莽想法。书中还说"锡拉库萨一个城市的规模都不输雅典[②]"。

而在阿格里真托,至今仍较好地保存着古代的遗迹,吸引了世界各地的游客前来打卡,例如,能和雅典帕特农神庙媲美的康考迪亚神庙、赫拉神庙。这里还诞生了著名的哲学家、医学家、术师、占卜师恩培多克勒(前五世纪),他因巫术和占卜受到当时人们的敬仰,相传最后投身于爱特纳火山,肉体灰飞烟灭。根据西西里的狄奥多鲁斯于前五世纪后半期所著的文章,阿格里真托全境栽培着葡萄和橄榄,这些产品被卖到非洲,市民们靠此发家致富,建造了富丽堂皇的建筑,举行奢侈的祭礼,生活挥金如土,尽情寻欢作乐[③]。

2. 站在西方之外

跳过迦太基、罗马帝国和拜占庭帝国的时代,让我们沿着副标题的时间线,去分别了解拜占庭之后伊斯兰人统治的

---

① 参照修昔底德,史密斯英译本《洛布古典丛书》,第三卷(1921年)第221、222页。
② 同上,参照第四卷(1923年)第51页。
③ 参照迪尔:《巴勒莫和锡拉库萨》(1932),第12页。

西西里，以及阿拉伯时代、诺曼王朝之后真正纳入中世纪欧洲的西西里，其时间线可从九世纪初跨到十二、十三世纪。

"蛮族"的入侵不仅将罗马引向毁灭，其影响也波及西西里。来自北非的汪达尔人入侵过它，东哥特人统治过它。535年，查士丁尼大帝麾下名将——贝利撒留继前一年征服汪达尔王国后，从东哥特人手中夺取了西西里。这意味着西西里被异于"蛮族西方"的"东方帝国"所接管，和威尼斯一样，流落于查尔曼缔造的西方欧洲的藩篱之外，并在此后不受武人和僧侣的统治，走了一条和中世纪欧洲完全不同的道路。

伊斯兰势力兴起于阿拉伯半岛一隅，它与中国、印度齐名，创造了璀璨的世界文明。从先知穆罕默德（571-633）在世时算起，不到一个世纪它就改写了东方即地中海地区的政治地图，从拜占庭帝国手中夺走叙利亚（634-636），打败波斯帝国（637-644），平定埃及（640-642）、北非（易弗里基叶，698）、西班牙（711），先后征服科西嘉、撒丁、巴利阿里群岛、意大利的普利亚及卡拉布里亚，所到之处，战无不胜。不过它未能击穿君士坦丁堡的坚固堡垒（714），另一边又被查里·马特阻挡去路（732），此后基本停止扩张，进入了小修小补的阶段。

在西西里还是拜占庭领地的三个世纪内，它被涂抹了一层拉丁的、拜占庭的"东方"色彩,这点无须质疑①。这三个世纪的最后一个世纪也是法国南部的朗格多克、普罗旺斯和第勒尼安海周边各地苦于阿拉伯侵略的时代。正如过去的迦太基和新兴罗马一样,新旧两股势力能否顺利交接,在于是否能夺取对海洋的控制权,因此,位于地中海中央的西西里和当时同属于拜占庭领地的意大利半岛南部,绝不可能置身事外。

"尤其是失去了最后的殖民地,对他们(拜占庭)来说是个沉重的打击。这个辽阔的岛屿扼住了地中海的东西贸易。借着这个基地,撒拉森的私掠船持续威胁着希腊(拜占庭)的来往商船,彻底摧毁了拜占庭的经济支柱——海上商业。不仅如此,他们从南意大利一路打劫到达尔马提亚、希腊沿岸,并且不断向远拓展,到1035年时,甚至开始践踏从色雷斯到君士坦丁堡的各个港口。②"(维拉尔)

在思考该问题时,我们不能把当今常识中所谓亚洲对欧洲、"东洋对西洋"的图式带入其中,那只会带来无尽的混乱。毕竟归本溯源来看,势力衰微的拜占庭将宗主权地位让与阿拉伯,不过是东方世界内部的政治势力所进行的一次洗牌,

---

① 君士坦丁二世时期,拜占庭帝国的政府曾一度转移到锡拉库萨。
② 参照维拉尔:《地中海的诺曼人》(1951),第80页。

西西里只是单纯地从拜占庭色彩的东方转换为阿拉伯、伊斯兰色彩的东方,除此之外别无其他。简单来说,此时西方还不到露脸的时候。连西西里都如此,更别说伊比利亚半岛,那里被阿拉伯人占据的时间更长,甚至连十字军都不曾涉足。

"在整个穆斯林王朝时期,穆斯林控制了地中海全境。他们实力强劲,威力覆盖整个海域。所有基督教国家都对他们的舰队无计可施。不论何时,不管在地中海的哪个角落,穆斯林都能在战斗中取得胜利,称霸海域。[①]"

地中海化身为"阿拉伯的湖"意味着什么?它意味着自腓尼基以来,自欧洲人所谓的古典时期之后,发展地中海城市商业文化的主力变成了穆斯林各国。在这个新主力——阿拉伯人的加持下,地中海的文化风格从拜占庭风变成了阿拉伯-拜占庭风,较以往更为先进和多姿。简单图式化,在十二世纪前这一带大致可以和西西里构成地海文化史的轮廓。说十二世纪前,只因为我对说十三世纪初抱有些许顾虑,并无意将诺曼的十二世纪排除在外,具体原因大家后面会明白。此时,距欧洲城市不断发展、资产阶级壮大到足以吸收地中海文明果实的程度,还有一段距离,而文艺复兴的开花

---

① 参照伊本·赫勒敦:《历史导论》,F·罗森塔尔译本,第二卷(1958),第41页。

结果更是在遥远的将来。

740年，背靠北非的阿拉伯首次尝试远征西西里，他们前不久刚控制撒丁岛（734年），此时已攻占了首府锡拉库萨。然而没过多久，反对倭马亚王朝统治的伊斯兰教徒和柏柏尔人就揭竿而起，北非全境陷入混乱，局势紧张，甚至连凯鲁万都一度被叛徒包围。阿拉伯不得已放弃西西里计划。

当时作为"旧大陆"的西亚以西，原波斯帝国到大西洋沿岸之间的广袤疆域已成为伊斯兰版图的一部分，要对这片领土做统一管理并非易事，如西班牙埃米尔从一开始就独断专行，自成一方。在东边，将首都设到大马士革的倭马亚王朝（708年，大马士革的倭马亚大清真寺由哈里发瓦利德在圣约翰大教堂的基础上改建而成）于750年被阿拔斯王朝消灭，后者先后在库费和巴格达设都。而唯一逃脱阿拔斯家族追杀的阿卜杜·拉赫曼潜入毛里塔尼亚，发誓将"在自己祖先地盘的对岸"重振旗鼓，最终建立了科尔多瓦倭马亚王朝。这年是756年，欧洲人所谓的撒拉森帝国分裂为东西两半。到763年时，易弗里基叶埃米尔试图远征西班牙，阿拔斯王朝军在"古莱什族之鹰"阿卜杜·拉赫曼的反击下溃败。因此在描写北非形势时，我们有必要将科尔多瓦与巴格达之间的对立充分考虑进去①。

从那时起,撒拉森帝国就进入了权力分立的进程。它先后在形式上臣服于征服西西里的突尼斯阿古拉布家族、埃及的法蒂玛家族……巴格达的哈利发,但也出现过事实上的独立时期。对此,我们不能仅用"单一政权难以驾驭广袤的势力范围"来予以解释。阿拔斯王朝舍弃了地中海海域内的大马士革——当时西顿(赛达)是大马士革的外港,如今赛达的这一功能已被贝鲁特所取代——将首都转移到巴格达,这说明比起称霸地中海海域,他们更重视对西亚商路的掌控②。和马其顿的亚历山大一样,他们放弃海洋霸权,选择当一个

---

① "法蒂拉王朝和西班牙倭马亚王朝时期,易弗里基叶和西班牙在各自内战的情况下互相攻击,沿岸地区受到摧毁性破坏。到阿卜杜·拉赫曼·昂·那斯鲁时代,西班牙一方的舰队多达两百艘战船,非洲方的舰队也达到同样的数目或与之相近"。同上,罗森塔尔译,参照第二卷,第42页。
② 根据伊本·赫勒敦,海军提督之职仅在易弗里基叶王国和马格里布有过,(同上,参照第二卷,第38页)这可间接作为该观点的佐证。

习惯了贝都因式游牧生活的阿拉伯人在刚进入地中海域时,对航海和海上活动感到陌生。他们占领埃及之后,奥马尔·宾·哈塔卜(哈里发,634-644)向远征军将领阿姆鲁·本·阿斯询问,阿姆鲁答曰:"海是伟大的生物,弱小的生物像树上的毛虫般依附在他的上面"。此后,奥尔马要求穆斯林敬畏海洋,甚至对海上的袭击活动予以处罚。一直到661年,身为哈里发的穆阿维叶掌权时才允许乘船出阿拉伯海,用船来完成圣战。(同上,参考第二卷,第39页)

这也说明,当必要或者有利可图时,人们会在不到一代的时间内迅速习惯新的生活方式,掌握新技术。

脚跟稳站的大陆帝国。事实上这一举措颇见成效,阿拔斯王朝的穆斯林帝国不仅将文明史上的巅峰——波斯帝国的遗产和高度的文化悉数继承①,更是开启了在《一千零一夜》中闪

---

①伊本·赫勒敦指出,大部分穆斯林学者不是阿拉伯人而是波斯人,这是一个显而易见的事实。其原因可归结于二者生活方式的不同,阿拉伯人过着贝都因式的游牧生活,而波斯人在波斯帝国时期以来,定居文化已深深地扎根下来。因此当波斯人的国家、伊拉克、呼罗珊、河中各城荒废、定居文化式微时,学问和工艺等也会消失无踪。今天(伊本·赫勒敦所处的时代,十四世纪后半期)开罗的定居文化比任何城市都繁荣,所以这里变成学问、工艺的源泉,伊斯兰文化的中心。(同上,罗森塔尔译,参照第三卷,第311-315页)

这是一个重要的观点,由此也可一窥他的学术风格。十九世纪后半期之前,欧洲学界——除了让·博丹等少数例外——一直都被神学、形而上学所束缚,不论是思考方式还是提出问题的方式,都具有占星术的性质,他们面对着这个十四世纪就展现出如此见识的北非学者,只能在距他遥远的地方踟蹰徘徊,不知所措。事实上,伊本·赫勒敦和法国的保罗·维达尔·德·拉·白兰士之间相隔长达五个世纪。到了十字军阶段,欧洲开始积极吸收业已成熟发达的伊斯兰文化——参照艾蒂安·吉尔森的《中世纪哲学》(*La Philosophie au Moyen Age*, 1952)的第六章"东方的哲学"、第七章"十三世纪中格雷考＝阿拉伯的影响与各大学的设立"——伊本·西那(980-1037,出生于布哈拉,学术生涯在伊斯法罕度过)、伊本·鲁世德(科尔多瓦贵族,1126-1198)受到热烈的追捧,但伊本·赫勒敦却遭到了冷遇,这背后自然有实力逆转的影响,萨拉森势力到十四世纪时明显呈下坡趋势(在伊比利亚半岛陷入单方面的被动防御,地中海的贸易霸权被意大利的商业城市夺走,在东边苦于帖木儿的入侵。伊本·赫勒敦本人在大马士革时,碰巧会见包围该城的帖木儿)、欧洲因实力上升而自信大涨。不过他作为近代历史哲学·社会科学上"被埋没的先驱",十分值得从社会进化与思想史·学说史的角度进行深入探讨。前面提到的吉尔森,以及在著作《大地与人类的进化——历史的地理学绪论》(1922年,日译岩波文库)中就"问题的沿革与传统立场"做出精彩分析的社会经济史学者吕西安·费夫尔,也没有注意到这一问题。(转下页)

亮登场的君主——哈伦·阿尔·拉希德的时代。

说来,756年5月14日,阿卜杜·拉赫曼在科尔多瓦附近击退了埃米尔尤斯夫的军队,两个月后,他以新任埃米尔的身份被迎入科尔多瓦。不过据阿尔方所说,直到929年1月16日①,他的后代才主动以哈里发自称,说明在此之前,科尔多瓦的倭马亚王朝在事实上是一个独立的国家,在理论上则依附于定都巴格达的穆斯林帝国。

3. 基督教世界对伊斯兰世界的图式

正如基督教世界分成东西两个帝国(加上信奉基督教而保持独立地位的盎格鲁–撒克逊之岛,可进一步细分为三个),伊斯兰世界也分为由巴格达哈里发统治的东帝国和以科尔多瓦为首府的西帝国。用拉维斯的话来说,伊斯兰帝国"就像一个巨大的弦月,它被东西罗马帝国当作共同的敌人,在南边不断扩张着"。这句话本身没有问题,准确来说这正是最基本的现实。不过在后世欧洲中心论的教育中,从罗马帝国覆

(接上页)此外,伊本·赫勒敦还指出,"预言者"的法律从口头流传变为文字记载,这使得古兰经的注释者剧增,他们需要掌握法律、语法、理论等学问,到哈伦·阿尔·拉希德时代,法律成为一个专门的职业。
①参照 L. 阿尔方前揭书《蛮族们》第233页。

灭到十字军登场之前的地中海海域历史受到了过度的轻视，就像经济不景气时没人想买的分期土地般遭人嫌弃。正因为十字军至少八次东征给人的印象过于强烈，以至于让人觉得基督教世界和伊斯兰世界的关系可以单纯图式化为这两个阵营的对立。

无论是拜占庭的宫廷贵族、军用物资和舰船的提供人，还是从十字军身上大赚了一笔的海运承接方——意大利沿海商业城市、威尼斯、热那亚、比萨的商人，在他们看来，十字军不过是一群文化水平低下、眼界狭隘的乡下莽夫。拜占庭皇帝和威尼斯等地的商人们尽情操纵着这群来自阿尔卑斯另一端、将破布做成十字粘在胸前的狂热信徒、冒险分子，甚至在第四次十字军东征中（1202—1204），把敦厚质朴的十字军官兵当作争夺地中海地区商权（与其说是伊斯兰与基督教世界的对立，不如说是后者内部发生的、威尼斯与热那亚为争夺与拜占庭的合作权而产生的对立）的绝佳工具。当我们得知十字军洗劫君士坦丁堡，破坏了大量的精美建筑时[1]，之所以感到讶异，正因为受到了上面所说的图式化的影响。不过，讶异的不是这件事本身的真实性，而是将我们

---

[1] 详细内容请参照卡脉特教授的《封建世界》（Clio丛书第四卷），第402-411页《君士坦丁堡的拉丁人》。

禁锢起来的错误的图式。

如此看来,据传是查理大帝从哈伦·阿尔·拉希德处获赠的那个著名的水钟,我们也理应把它放在上面所说的世界史语境中重新探究,而不是仅把它当作能证明波斯文化科技水平远超"蛮族"欧洲的一则逸事。

1917年(第一次世界大战期间)到1920年间,《蛮族们——从大入侵到十一世纪的土耳其征服大业》(1948年)的作者阿尔方,还曾在《历史评论》上发表了《查理大帝的历史史料批判性研究》。不过,不知为何,里面并没有关于查理帝国和哈伦·阿尔·拉希德帝国在外交、政治关系方面的叙述,也似乎对提及礼物的事颇感抗拒。而阿米尔·阿里的著作——《萨拉森史概说》(1921年)的第十七章"阿拔斯王朝"(续)中,也仅有以下寥寥数笔:在阿尔·拉希德的时代,交通"既向西方开放,也向远东开放。他是第一位将中国皇帝的使节和查理大帝的使节迎入宫廷的人。他赠送给查理大帝的无数礼品至今仍留有记录"(记录仅存于欧洲——引用者注),"根据记载,礼品中有一个时钟,是极为精致的艺术品"[1]。

伊斯兰一方也没有留下相关记载。彼时的阿拔斯王朝正

---

[1] 参照阿米尔·阿里,塚本五郎、武井武夫合译《回教史》(1942年,善邻社),第221页。

如日中天，和"哈伦·阿尔·拉希德的名号与荣光"一起，"从中亚传到北欧的森林深处，再由马格里布、安达卢西亚响彻中国、鞑靼的边境①"。或许在巴格达宫廷看来，查理曼的使节不过是来自世界各地的修好使节里的"其他等"中的一个，没必要特别记录。

总之，因为脑海中一直抱有所谓"伊斯兰世界对基督教世界"的图式，我对阿尔·拉希德和查理曼这两个东西方巨头之间的交涉过程尤其关注。在此期间，但凡有点关联的中世纪历史文献都被我翻了个遍——不过因为静养在家的关系，我只能在自己案头的书堆（主要是法语书）、且尽是些概述类的书籍中找。后来突然想起，约瑟夫·卡脉特曾往Clio丛书（即在法国接受历史高等教育的人查阅史料或既存参考文献时所使用的便览性丛书）里添加的《封建世界》在战火中逃过一劫，查阅一番，喜上心头，却也同时心灰意懒——在我眼皮底下将近三十年的这本书里竟然有明确的记载！"查理曼的东方政策"（针对Orient的政策）——甚至还后缀着略显啰嗦的小标题。

---

① 参照《一千零一夜》岩波文库版，第26卷，第151页。据说鼎盛时期的巴格达人口达二百万。即便按杜里推算的一百五十万（《伊斯兰百科全书》）来看，人口都达到异常之多。

"为了给科尔多瓦的哈里发(按照前文对哈里发的注释,此时在形式上还不是哈里发——引用者注)施加压力,查理曼施展外交手段,彰显自己和巴格达哈里发的友好关系……法兰克年代记的记录者像孩子般兴奋地罗列了两个宫廷交换过的奢华礼品,有水钟、象牙制的象棋(把 échec 按辞典对译成西洋象棋,会让人觉得不像是波斯的赠礼)、珍禽异兽。不仅如此,哈里发同意为法兰克的朝拜者提供方便,这才有了后世的圣地保护国"等。

prendre un plaisir d'enfants a enumérer……卡脉特先生似乎对自己的法兰克祖先无比喜爱波斯特产之事颇为介意,读来有趣[1]。

不过,关于西罗马帝国和伊斯兰东方帝国是否为对付共同的敌人而达成了统一战线,即后者为压制君士坦丁堡和科尔多瓦而利用前者,前者为压制东罗马帝国和科尔多瓦而利用后者,还存有疑问[2]。据《西洋经济的诸起源》(1956年)的作者——罗贝尔·拉托修所说,查理曼在经济政策上奉行

---

[1] 卡脉特《封建世界》第107页。参照拉托修《西洋经济的诸起源》(1956),第193页。
[2] 颇为讽刺的是,关于超越教旨的合纵连横、同床异梦的国际合作,在后期十字军阶段有更为显著的个案。详细请参照前面维拉尔的《地中海的诺曼人》第176、177页。

实用主义，在向巴格达派遣修好使节的同时，也往科尔多瓦派遣了使节①。

另外，伊斯兰世界清楚地认识到自己的繁荣依赖于地区间的大宗贸易，自然对各地民族所信奉的不同教旨予以宽容。倘若对每一个异己者都竖起刺来，广袤地区间的中介商业将举步维艰。毋宁说，和借口人种、意识形态的不同而反对平等交流、和平共处一样，对于借口宗教不同而挑起对抗的陋习，不论在什么时代，我们都要去思考是谁、什么时候、以何居心去煽风点火的。

眼前的西班牙处于异教徒的控制之下，十字军却对此视而不见。他们筹集到巨额的远征费用，全部砸到承办商的运输船上，仿佛确保东地中海的朝圣地才是决定胜负的关键。看着账单和金灿灿的钱币，威尼斯等地的意大利豪商们喜笑颜开。而比起这个比利牛斯山以南的半岛，十字军的赞助人、将士们似乎对查理曼时代的法兰克更为关心，这点着实耐人寻味。它为我们在追寻"东方始于比利牛斯"这句谚语的来历，思考当今所谓属于欧洲、属于 Occident 的地区，究竟从何时

---

①参照拉托修《西洋经济的诸起源》，第197页。

起被欧洲人纳入自己的地盘时,提供了有力的参考[1]。

对于十字军的计划,神圣罗马皇帝作为关键人物消极应对,惹怒了罗马教廷,他甚至在指挥十字军时,奉劝杀戮无益,呼吁彼此化干戈为玉帛,异教徒间和平共处,将自己所率领的十字军(第六次十字军,1228—1229)塑造成完全失去十字军风格的宽容的典范。这位全然没有中世纪欧洲风格的神圣罗马皇帝,正是霍亨斯陶芬家族的最后一位神圣罗马皇帝——腓特烈二世,成长于本稿探讨的话题——西西里。这也是我们除了阿拉伯的西西里之外,还对诺曼的西西里抱有兴趣的一个重要原因。

---

[1]这里我想引用法国史学界泰斗欧内特斯·拉维斯的话:"自从被萨拉森人征服,西班牙就从欧洲分离了出去。欧洲不停地往小亚细亚投送成千上万的兵力,对伊比利亚半岛却表现得极为冷淡,要理解这一点就必须先认识到,那时的人们从没觉得欧洲是一个统一的整体。(中略)身为'现代欧洲人'的我们可能觉得教皇和皇帝与其去亚洲寻找伊斯兰教徒,不如去攻击身处欧洲的伊斯兰教徒。然而当时的教皇和国王们谁都不曾想到这一点,他们不过是往比利牛斯山的另一边送去了几个孤零零的骑士,这使得救援任务落到了西班牙自己的肩上。"

从1095年克莱芒会议上决定派遣十字军东征,到1291年十字军登陆时惯用的托勒密港口陷落,前后多达八次的十字军计划终于落下帷幕。在此期间,支配基督教欧洲的这股风气始终不曾改变。

4. 西西里经济的繁荣

740年，致使阿拉伯远征西西里计划破产的北非动乱，成为此后长期困扰巴格达政府的一个伏笔。据阿米尔·阿里所述，易弗里基叶不但不能为丰盈国库做贡献，反而"每年从埃及的财政收入中大吸血十万第纳尔，用于填补政府的支出"。阿格拉布家族的易卜拉欣向哈伦·阿尔·拉希德提出，"您要是想让我们的家族永远担任埃米尔之职，就不要仅限于恢复该地的和平与秩序，不要寄希望于我们填充国库，相反，请每年给巴格达四万第纳尔吧"。拉希德采纳了易卜拉欣的建议，800年之后，易弗里基叶作为阿格拉布家的世袭领地，成为拥有自治权的独立国家[①]。西西里的西南部早前成了阿拉伯的殖民地，不过真正征服该岛的正是这里所说的阿格拉布家族。

在此之前，西西里开放的地区主要是东侧或南边，如锡拉库萨、陶尔米纳、阿格里真托等，如今这里希腊或罗马风的建筑遗迹仍然吸引着游客前来观赏。不过在阿拉伯时代和诺曼时代，最具代表性的繁荣地区是西部北岸的巴勒莫。

巴勒莫的前身——巴诺鲁姆斯最初是腓尼基人的港口城

[①] 参照阿米尔·阿里，塚本五郎、武井武夫合译《回教史》，第210、211页。

市，831年被阿拉伯远征军占领之后，成了坐拥良港的政治中心，一举开运发展起来。在1072年被诺曼人攻占之前（锡拉库萨陷落于1086年）的近两个半世纪，阿拉伯一直是西西里的主人。此间，和伊比利亚半岛的情况一样，大量阿拉伯裔人、摩尔人从北非涌入了西西里。西西里成为连接北非、西班牙和南意大利的最活跃的通商枢纽，它充分借助地理优势，借机发展岛内产业（后面详述），最终缔造了空前盛世[①]。

请大家看看地图。在阿拉伯手中发展为西西里政治、经济中心的巴勒莫与那不勒斯、突尼斯之间的距离几乎相等。如果说它距意大利很近，那么它同样也距北非很近。最能说明这一地理特征的，正是所谓"东方和阿拉伯人一起从地中海远至大西洋，泛滥于西洋之上"（西格弗里德）之时的西西里的情况。

起初，西西里的埃米尔们向北非的阿格拉布王朝俯首称臣，后来从凯鲁万（征服北非后的政治、军事中心）的统治

[①]参照保罗·维达尔·德·拉·白兰士《人文地理学原理》第一章第五篇"地中海地区"第六节"阿拉伯的影响"（岩波文库版，上卷，第202-206页）。"将灌溉问题比以往任何时候都研究得更为透彻，这不得不说是阿拉伯的功劳。……对他们来说，'地中海地区'首个绝佳的试点便是西西里。……十世纪，繁荣的巴·马剌阿拉吸引了大批人口，规模远超当时欧洲的其他地区。这个繁荣与实业的中心也吸引了大量来自利古里亚和北意大利的移民。"（维达尔）

下独立出来。能在自由的土地上放开手脚建设治理，似乎也是这个岛文运昌盛的决定因素。

据《意大利文艺复兴的诸起源》的作者格布哈特所述，西西里在阿拉伯埃米尔们的治理下迎来了高光时刻，"城市十八个，城堡三百二十个，人们开采了金矿、银矿、铜矿、硫矿，庄稼产量大增，水利兴盛，还经营着棉花、甘蔗、椰子和橘子园，拥有膘肥体壮的马匹种畜繁殖场、纺织厂、众多宫殿和清真寺。古老的恩培多克勒之岛如今俨然如东方（Oriental）花园般五彩斑斓"[①]（同书，第178页）。阿拉伯的统治不仅使商业、矿工业获得发展，还引入了新的农业技术（阿拉伯是干旱地区灌溉农业的专家）和米、棉花、桑、甘蔗、椰子等新的农作物，为西西里，更为整个地中海沿岸地区的经济开发提供了飞跃式的发展机会。伊比利亚半岛也是如此。

不过，令人遗憾的是，阿拉伯带来的恩泽似乎并未保留到后世。例如，对倭马亚王朝治下尽享繁盛的科尔多瓦来说，诉诸武力的"西班牙统治"意味着致命的打击。新的主人代

[①]《在西西里》由路易斯·奥利维尔编，法国火烈鸟出版社出版，大概出版于第一次世界大战将至时。这是其中迪尔执笔的《中世纪的西西里》的一节，引用自该书第194页。

替了重视商业、重视生产的阿拉伯之后,似乎只对缔造由僧侣和武人统治下的封建军事国家抱有兴趣。如此一来,产业被弃,阿拉伯好不容易建立起来的灌溉事业迅速破败,科尔多瓦再无复兴之日。在摩尔人的时代,曾被专业冠名"科尔多瓦"、构成科尔多瓦工业生产主力的高级摩洛哥皮革也不见影踪。

阿拉伯为西西里带去了先进的都市文化,阿拉伯裔人向城市聚集最显著的时期,也是他们从拜占庭手中继承了这座拥有三千人的海港城市——巴勒莫之后,巴勒莫急速膨胀的时期。972年,阿拉伯人伊本·豪盖勒(Ibn-Haukal)旅行到此时,巴勒莫已经成为坐拥三百个清真寺、将近三十五万人口的大都市,在极尽繁荣的伊斯兰世界中,堪与开罗、科尔多瓦平起平坐[1]。

据相关文献介绍,屹立在另一边的科尔多瓦于715年成为阿拉伯统治西班牙全域的行政中心,到阿卜杜·拉赫曼(912—961)治世时,清真寺三百个,算上近郊人口约

---

[1] 参照迪尔《巴勒莫和锡拉库萨》(1932)第63、64页及《西西里》第195页。意大利人阿马力(M.Amari)将伊本·豪盖勒的游记中关于西西里的部分译成法语,并做了简介和注释。伊本·豪盖勒是巴格达人,据阿马力介绍,伊本可能在青年时期,即伊斯兰历法331年(西历943)因商用出行,366年(976-977)返回巴格达。

三十万。也就是说，巴勒莫在不到一个半世纪的时间内，人口翻了百倍，可见其发展之迅速。它如实地反映了阿拉伯在涉足地中海商业后西西里的繁盛之景。

说来，根据1950年的调查，当时巴勒莫人口为三十三万九千四百九十七人，再早二十五年前约三十一万人。不过这还是现代经过恢复的数字。根据1846年伦敦刊行的麦卡洛克的《地理辞典》，1831年为十七万三千四百七十八人，此后因霍乱的流行，1840年人口跌破十四万。正因如此，距今十个世纪以前的巴勒莫在阿拉伯的治理下，作为一个城市，可以说其规模堪比现在的水准，它的地位绝不容小觑。

二、诺曼的西西里

1. 先进文化的继承

从九世纪到十一世纪中叶,西西里在伊斯兰的统治下尽享繁华,后随着诺曼的称霸,它在政治地图上被并入到了西方(Occident)的世界。此后在长达九个世纪的岁月里,它处于基督教君主(罗马教会)的控制之下,因此对阿马力所谓"伊斯兰教徒统治时期的建筑没有一处能完整地保存下来",我们也就能够予以理解了。今天,来到西西里的人们对巴勒莫的帕拉提那礼拜堂[①]、蒙雷阿莱的本笃

[①]意大利的美术史科普书《不可思议的意大利》(*Wonders of Italy*, *The Medici Art Series*)将这一阿拉伯·诺曼建筑的杰作描述为"恐怕在基督教世界的教会建筑里,内部能和这个礼拜堂媲美的没有第二个"(参照该书,1930年版,第531页)。帕拉提那礼拜堂是第二代鲁杰罗王为王族做礼拜而建的,于1130年落成。说到1130年,这是日本的三十三间堂竣工的前两年,近八十年前,平等院凤凰堂建成。巴黎圣母院动工为1163年。

会修院①不吝赞美之词,这些出色的历史建筑无一不是诺曼王朝的遗产。

据说在诺曼入侵西西里之时,他们惊叹于西西里发达的实业和遍地林立的建筑美术。在成为这个国家的主人后,他们想必以此为范本,试图去创造可与之媲美的作品吧。此后,一座座值得纪念的宏伟建筑宛如"用魔杖变出来般"(迪尔)相继出现。由于在侵略西西里时使用的是希腊(拜占庭)裔佣兵,诺曼在设计基督教会,思考以旧约、新约为故事主题的壁画创作时,到底没法依靠阿拉伯人,而是寻找了拜占庭裔的设计师来合作,也许他们还带来了马赛克工匠②——拜占庭艺术的精髓。不过涉及建筑施工的实操面上,鉴于技术了得的能工巧匠、栋梁之才本地就有,他们不必再从外面请人。因此不论是宫殿、别墅还是教会建筑,像帕拉提那礼拜堂一样,纯装饰性的部分中,总能看到原汁原味的阿拉伯风格。西西

---

① 蒙雷阿莱的修道院和隔壁的主教座堂均在纪尧姆二世的授意下建造。前者落成时已是十三世纪,形式上已不属于诺曼的时代。《在西西里》中,执笔《巴勒莫和蒙雷阿莱记》的兰伯特将这个本笃会修道院称作"全世界最美的修道院",对此恐怕谁也不会有异议吧。
② 参照上一条兰伯特的论文,第420页。阿拉伯艺术与基督教主题融合时比较关键的问题是人物像。不过据迪尔所述,"在波斯的影响下,十二世纪的阿拉伯艺术对表现人物像早已不像从前那般厌恶和抵抗"。参照他的《巴勒莫和锡拉库萨》,第104页。

里的这种诺曼样式或阿拉伯·诺曼样式作为交融合作的美妙成果,尤其值得我们大书特书。

诺曼入驻后的情形被查尔斯·迪尔总结如下。让我们看看他在西西里的建筑、美术工艺方面细数了多少由阿拉伯原创做出的贡献。

"如此优雅的拱廊、钟乳石样的装饰[①]、覆盖着釉药的陶板、多彩的大理石饰面,细腻优美的绘画,以及富于魅力、巧夺天工的奢侈品工艺。上面的每一样都不曾消失。阿拉伯时代的建筑成了诺曼时代的建筑标杆,曾为埃米尔们卖命的建筑家、石匠带着他们的科学和继承而来的传统,转而去服务诺曼的王们。[②]"

此后的西西里没能在这种融合的基础上创造出凌驾于阿拉伯·诺曼样式的作品,即直到现在,阿拉伯在长达将近千

[①]原文为 décoration en stalactite。Stalactite 指钟乳石,用于比喻从顶棚垂下来的样子。维拉尔用了一个叫作 encorbellment(梁托结构)的术语来指称极具几何学的、有规则的结构,对此我很难有画面感。"穆斯林的艺术是…几何学家、色彩学家的艺术。穆斯林的建筑家首先是几何学家。他们的设计井然有序,符合规则。……他的巧妙之处在于在平衡的基础上,实现了对于复杂、多变的 encorbellment 的追求"(参考前揭论文,第 419 页)。只有在这样的语境下去理解,我们才知道这种建筑样式是多么执着于细节的把控。但凡运用了这种钟乳石式或 encorbellment 结构的顶棚,都免不了受伊斯兰建筑的影响。1961 年 1 月,我因机缘巧合去了趟塞尔柱土耳其的古都科尼亚,在那里也见到了类似的建筑。
[②]参照《在西西里》第 196、197 页。

年的历史中，一直支撑着西西里文化的名声。

要把这总结为诺曼对西西里先进文化的继承，则显得过于简单。西西里的诺曼给我们留下的巨大问题，也包含在上文中所引用的迪尔的后半句话。诺曼的国王们岂止没有采取反对异教的政策（我们总认为这是中世纪欧洲的特色），反而表现出了截然相反的态度。就拿王的帕拉提那礼拜堂为例，在那由精巧的钟乳石构成的顶棚上，装饰着阿拉伯文字，再如，带有鲁杰罗二世的名字、用珍珠和金丝刺绣装饰着的斗篷（1132 年制作于巴勒莫王室的工作室内，实物作为哈普斯堡家族的收藏品，保存在维也纳）上显示着它问世的时间——528 年，这是伊斯兰历法下的时间。此外还有狮子袭击骆驼的图案，怎么看都不像是西欧的风格，在此特别附记[①]。

[①] 在 1194 年纪尧姆二世去世后，亨利六世自称拥有诺曼王国的继承权，借机入侵西西里。他"有计划地展开掠夺，长长的驮畜列队纵贯意大利，将西西里的财宝悉数运往德国。自此以后，萨拉森人赠予鲁杰罗二世的、有阿拉伯文字刺绣的绯色丝制斗篷为德国皇帝加冕典礼所使用"（维拉尔，《地中海的诺曼人》，第 337、338 页）。这里的斗篷恐怕正是正文所提到的斗篷。

说到诺曼,我们总会联想到北欧的"海盗"维京人。事实上,看一看和诺曼征服西西里发生在同一时期的、同为诺曼的"征服者威廉"的做法,"不容分说的冷酷的自然人"(倍布斯纳)形象会跃然眼前。不过,统治西西里的诺曼人虽然在政治上树立了绝对的权威,对作为被征服者的异民族、异教徒却采取怀柔政策。他们尊重当地的文化,甚至不论宗教信仰,在行政、司法要职和军务上积极吸收人才,营造出了极为宽松的社会氛围,让人不禁感叹中世纪的欧洲竟会有如此开明的君主!

《地中海的诺曼人》的作者让·B.维拉尔介绍了一则温馨的逸事,告诉我们在巴勒莫的"国际精英"之间,tolerance(宗教上的宽容)是一种成规。

"即便有人在穆斯林祈祷的时刻静静地离开座位——包括表面上信奉基督教的人——也要装作没有注意到。一天,一个骑士在国王面前和一个常出入宫廷的穆斯林教士说道:'我们攻略的黎波里的时候,你们家的穆罕默德在哪里呢',圣徒回道:'我们的穆罕默德在埃泽萨呢'。事实上,那时候土耳其人刚从十字军手中夺回了埃泽萨。"

"要是在西西里宫廷之外的话,这种笑谈一旦出口,双方不是你被剑刺穿,就是我被处以火刑吧"。最后这句是维拉尔添加的注释①。土耳其夺回阿泽萨（如今的 Urfa）是 1144 年的事，那时的王是鲁杰罗二世，正是诺曼西西里的黄金时代。

不管怎么说，征服西西里的诺曼人给我们留下的印象，和维京人以及征服英国的诺曼人所流传出的形象极为不同，这是一件幸运的事。鉴于他们的出生地与横跨英吉利海峡的诺曼人一样同为诺曼底，我们也不能说，这群奔向南意大利的诺曼人是所有诺曼人中特别开明的分子。说到底，他们不

---

① 参照《地中海的诺曼人》，第 258、259 页。不过追溯至前半期，将整个欧洲中世纪都看作是打压异端的时期，这是否合适还存疑。关于这点，有必要提一下广濑哲士先生的日译作品《欧洲史》（原著作者为欧内斯特·拉维斯，1890 年刊行，译著 1940 年出版），在《帝国与教会》一章中，作者以赛尼约博斯的著述为参考写了个附记。十世纪或十一世纪，有些地区还不能确定是否属于罗马教廷的西方（Occident），将这些地区涵盖在内，贸然把整个中世纪统一定义为"黑暗的中世纪"是一件需要再三考量的事。如今广濑哲士先生的这部译作一般读者已很难见到，在此将译作中的附记改为现代假名，并附上全文："广袤的罗马帝国内民族构成纷繁复杂，基督教会竟能在宗教上将这些民族统一起来，且随着欧洲天地的扩大，让异教之地改宗换教，奉行同一种仪式，遵从统一的圣典，实在令人钦佩。十世纪时教皇式微，不得不依靠俗世的君主，但到十一世纪时，为了抗衡皇帝的权力，教会设立了由七十名主教构成的枢机制度，督管民众在婚姻、继承、审判方面遵守圣职法律，从而全面掌管人民生活，获得与君主对抗的实力。尤其是，为了取缔异端而诞生的刑法被教会加以利用，在发起阿尔比十字军战争后，教会制定了宗教裁判制，强迫教徒忏悔。曾经的宗教由热心人士创立宗派，并隐遁于远离世俗的地方，如今的教徒体察教皇之意，成立了方济会和道明会，这两个宗派不再隐遁山野，而是加入市井生活，积极说教，倾听忏悔。如此一来，所谓的教皇宗教警察法大功告成，在教皇的绝对权威下欧洲的统一得以实现，古代帝国皇帝的权威由教皇继承，教皇与其说是圣彼得的继承人，不如说是凯撒的继承人。"（赛尼约博斯）

过是将南意大利视为绝佳的赚钱场所，靠当佣兵起家的、我们一般观念上认为的诺曼人中的一部分人而已。

2. 诺曼的佣兵队长坐上两西西里王国的王位之前

东边是巴莱格（巴里阿克）人，西边是维京人，这是我们对诺曼人的整体印象。他们不仅对俄罗斯的建国做出了贡献，还在西欧的发展中发挥了重要作用。因此，可否单纯把他们当作是入侵欧洲的最后的"蛮族"，还有待商榷。倘若"蛮族"一说是我们的共识，那么就更应该对这一共识的由来做一次彻底的剖析和整理。和在斯拉夫一样，诺曼人在欧洲的通商活动也取得了不俗的成绩。早在七世纪，他们就成功设计了带有龙骨的（维京船）轻快的船体，利用其优异的耐波性徜徉在远洋中。光从这点来看，我们也不能把他们看作未开化的蛮勇之徒。西方的大部分文献都把诺曼人记述为难以抵抗的、令人恐惧的侵略者形象，夸大了诺曼人作为海盗的一面，大幅助长了我们把其视作"蛮族"的心理倾向。关于这一点，不得不承认成吉思汗统治的蒙古也遭到了同样的历史扭曲。

诺曼人扎根在殖民地,被基督教的欧洲同化、吸收后[①],重新将查理曼色彩的欧洲与地中海世界连接。在欧洲势力向地中海世界的扩张中,发挥了先驱作用的是诺曼人,将拜占庭势力从南意大利、将阿拉伯人从西西里赶出去的也是诺曼人。此外,诺曼人在十字军远征计划中的态度极为积极,当然,和阿尔卑斯北边的那伙人不同,他们自己还夹带着私心,因为当时在地中海的一隅,他们正和拜占庭帝国处于对峙中。下面的内容略微偏离本稿主题。拜占庭帝国和南意大利的诺曼王国为争夺地盘而胶着于战场时,通过第聂伯来到君士坦丁堡、以佣兵身份服务于拜占庭皇帝的斯堪的纳维亚人直系的诺曼人,也曾和南意大利诺曼王国的诺曼人兵戎相见。

诺曼人骁勇善战。要解释他们为何能在大战中屡战屡胜,

[①] 诺曼人操纵维京船肆意破坏北海周边,逆流而上来到内陆城市,这让英国和法国都闻风丧胆,这时的诺曼人还和基督教不曾沾边。控制了斯拉夫人的俄罗斯后,诺曼人在与君士坦丁堡或是贸易或是袭击他们的过程中接触到了基督教,最终吸收了东罗马教会的希腊正教。从九世纪到十世纪初,秃头查理、胖子查理、傻瓜查理等,历代法国国王之所以获得了如此的绰号,大概是因为他们老被诺曼人打得狼狈不堪吧。911 年,在法国西北部一隅、被称作诺曼底(意为侵略者们)的诺曼人首领洛隆和他的部下,最终成为基督教徒。不过究其幕后,他们之所以接受洗礼,是以法国国王正式承认其对占领地的统治权为交换条件的。傻子查理对侵略者在形式上承认自己的宗主权而感到满意。

罗伯特·吉斯卡尔和鲁杰罗也是来自诺曼底。他们同样成为基督徒,在形式上认同罗马教皇在整个欧洲的权威,抑或是对此加以利用。

光讴歌他们的勇猛是不具说服力的。马镫的使用让骑兵的重装成为可能，诺曼骑士所采用的重骑兵密集方阵在突击时经常可以以寡敌众，以少胜多。也就是说，诺曼人的强大很大程度上得益于其兵术之新[①]。

说来，诺曼底诺曼人的英勇身姿首次出现在南意大利，还要往前追溯九个多世纪。那是他们所谓的蛰伏时期，对于那时的诺曼人，我们只能依据纷繁的传说来表达自己的敬意。这里权且采纳迪尔援用过的说明[②]。

1096年，第一次十字军东征根据克莱芒会议的决定拉开了帷幕。距此整整八十年前的1016年，就在阿拉伯舰队遭到包围，萨勒诺（南意大利）不得不投降的危急关头，一个意想不到的援手出现了。朝拜耶路撒冷后踏上归途、偶尔经

[①] 参照维拉尔《地中海的诺曼人》，第76、77页及第159页。据著者所述，欧洲开始使用马镫是在950年后。
[②] 参照《在西西里》第197页以下。维拉尔的说明和这个大同小异，同时还介绍了一则如下的传说：

1009年，阿普利亚的居民举起反对拜占庭统治的大旗，甚至接受了萨拉森"海盗"的支援，教皇和北意大利的诸侯也予以声援。不过在拜占庭激烈的反击下运动失败。1016年，居民再次起事，经上次失败之后，人们意识到精锐军队的重要性，便尝试向诺曼人求援，据说这是意大利史中诺曼人的首次登场。反军统领见到了从耶路撒冷朝圣回来的约四十名诺曼人，便请求提供能把拜占庭势力从意大利驱逐出去的战士，朝圣者们听后许诺回诺曼底后一定大加宣传，送上兵力。

过此地的诺曼骑士团,路见不平拔刀相助,三下五除二便把萨拉森军赶了出去。萨勒诺的领主为这群无与伦比的防卫者献上了无数的赠礼,试图将他们留下来。年代记的作者以质朴的笔触记载道:"柠檬、杏仁、糖胡桃、漂亮的斗篷、镶有金色象眼的铁制品等,希望用这些礼物将他们挽留在出产这些精美物品的国土上。"让人看了不禁莞尔。虽然骑士们那时满心都想着回家,并未应允,但这个邀请最终带来了两西西里王国的诞生。

让我们通过具体的事例,看佣兵领队是如何停止流浪,靠自己的力量成为一个独立王国元首的。这也会为我们阅读本书第四章时提供参考。

即将重回意大利的诺曼骑士中,最有名的是坦克雷德·的·欧特维尔的儿子们,尤其是年龄最小的两人——罗伯特·吉斯卡尔和鲁杰罗。这几个精明的佣兵队长看到南意大利的君主小国林立,瞬间明白在这里可以赢得不费吹灰之力,加上与其为别人卖命,不如自己独立的念头越发强烈,便于1030年在坎帕尼亚的阿韦尔萨、1043年在阿普利亚的梅尔菲成功建立了诺曼的独立王国。教皇虽然不甚畅快,却也只能接受这些危险的手下并给予祝福。

1059年,教皇尼古拉斯二世承认罗伯特·吉斯卡尔为"阿普利亚和卡拉布里亚的侯爵、未来西西里的侯爵",将"未来"的勃勃野心付诸实践,吞并伊斯兰控制下的整个岛屿的,是罗伯特的弟弟鲁杰罗。

坦克雷德的两个儿子在 1060 年占领雷焦后,便盯上了富饶的西西里。岛上阿拉伯政权之间分裂对立,是外敌乘虚而入的绝佳场所。事实也正是如此,某方势力向他们求援或伸出了合作的橄榄枝。下定决心征服西西里并没有花他们太多的时间。鲁杰罗 1061 年首先攻破对岸的墨西拿,1072 年占领巴勒莫,1077 年攻陷西北侧的特拉帕尼,1078 年将东岸的陶尔米纳、1086 年将同样位于东岸的锡拉库萨、次年再把南岸的阿格里真托收入囊中。1089 年,这个年轻的王子在特洛伊拿逼迫乌尔巴诺二世(1088—1099,尼古拉斯二世后的第二代教皇)承认了自己对征服地的统治地位。此后不久,鲁杰罗单方面撕毁了当初许诺臣服于哥哥罗伯特·吉斯卡尔的誓言,以"西西里大伯爵"的名号完全独立。

鲁杰罗的儿子鲁杰罗二世是一代明君。在他的治世时期,伯父罗伯特·吉斯卡尔于 1127 年去世,膝下无子,因此西西里的大伯爵把意大利的诺曼领土全部接管。借用迪尔的话来说,当 1130 年鲁杰罗二世在巴勒莫登上王位时,"整个十二世纪中,西方(Occident)欧洲最强大、最繁荣的两西西里王国①"诞生了。

鲁杰罗二世成了拜占庭帝国的心头大患,前者派遣远征军直逼拜占庭本土,舰队威胁到君士坦丁堡门口,所到之处肆意抢掠。身为教皇在俗世的守护者,皇帝在诺曼远征拜占庭时,曾乘虚而入,出兵南意大利,不过一听说远征军要回来了,就马上龟缩回阿尔卑斯北边。起初,鲁杰罗二世为忌惮自己的教皇所依靠,针对反诺曼的教皇,拥立诺曼人自己的敌对教皇(皇帝一方也采用相同的做法)。欧洲的各个王室,甚至连罗马皇帝的霍亨斯陶芬家族、拜占庭皇帝的家族,都将西西里的诺曼皇室当作自己政治联姻的对象。

3. 九百年前诺曼王朝表现出的"完美而难得的政治宽容和宗教中立"(迪尔)

诺曼人以骁勇善战的侵略者形象来到了西西里,乍一看,他们在行政管理上竟出人意料地颇具智慧。这里之所以用不太礼貌的附加词"乍一看",是因为我们也可以单纯认为这是他们基于经济利益而采取的实用主义行动。

诺曼人接手西西里时正值十一世纪后半期,是《西西里

---
① 参照《在西西里》,第 199 页。

的穆斯林历史》的作者阿马力口中"半数以上阿拉伯裔,其余都是拜占庭裔[①]"的西西里。要知道,正是这些阿拉伯人、拜占庭人继承了深厚的地中海文化传统、支撑着广泛的通商活动,在整个欧洲中鹤立鸡群,代表了最先进的文化。不仅如此,以巴勒莫的快速发展为代表,西西里的繁荣也离不开阿拉伯在地中海贸易中的活跃身影。

斩杀抢掠是武士的习惯,是佣兵队长活命的手段。占领区的居民把他们视作瘟神亦不足为怪。新来的统治者属于罗马教会一系,面对政权的更迭,拜占庭占领时代以来的希腊教会派自然战战兢兢,另一边的伊斯兰教徒虽然在确保宗教、法律、审判、习俗不受干涉的前提下交出了巴勒莫[②],但仍然充满不安和恐惧,警觉地注视着这一切。

不论是现在还是过去,当一个地方被占领,总会出现佣兵、僧侣、投机商、移民以及其他各路野心勃勃的人士蜂拥而至的情况。就西西里来说,还有来自法国、意大利海港城市或伦巴第的人。不管怎样,面对这些构成人口主力的阿拉伯人、

[①] 根据迪尔对阿马力《西西里的穆斯林历史》(三卷,佛罗伦萨,1854-1868)的引用。
[②] 参照维拉尔前揭书,第132页。巴勒莫的行政长官是基督教徒,却仍然使用阿拉伯风格的埃米尔称号。由此可见在权力让渡过程中二者之间的力量关系。

希腊人，特别是前者还极具经济实力，获得他们的信任成为新政权的当务之急。鲁杰罗深谙这一点，积极地去充当他们的庇护者，第一代鲁杰罗颇有成效的怀柔政策被第二代鲁杰罗完整地继承了下来。

不过，任凭我们多么强调诺曼的西西里在中世纪欧洲历史背景下的特殊性，它本质上还是传统的封建社会。坦克雷德的儿子通过保证各个领主既有的统治权，将地方割据的穆斯林小国统一到诺曼王国之下。他还对手下的骑士论功行赏，为了让他们永葆忠诚而分封领地。这是故地诺曼底一直以来奉行的原则。不过并非所有的惯习都被原封不动地移植到这里。刑事审判权由国王自己保留，权力集中成为一种制度，这是西西里的诺曼人在治理国家上的独创。王权与富裕的大城市资本家连成一体，寻求建立制度性的中央集权化，这是他们向身为前辈的阿拉伯、特别是拜占庭学来的。

制约人际关系的当然是封建性的君臣、主从关系，不过据迪尔强调，这种关系并不像当时欧洲各国所表现的那样死板严苛，而是灵活与适度的。

他们违背了基督教徒欺负伊斯兰教徒的普遍期待，与中世纪的欧洲，特别是后半期愈加严苛的高压政策相去甚远。西西里的诺曼政权最显著的一个特点是，他们不仅不会歧视希腊正教徒，也不会歧视穆斯林。这种政策不限于西西里一个地方，在作为十字军进驻叙利亚后，诺曼人也避免束缚伊斯兰教徒的自由，采取和平共处的怀柔之策。或许从作为维京人出没于各地的时候起，诺曼人就养成了宽广的国际视野，在知己的同时也有去知彼的气度和眼光吧。

另一边的"征服者威廉"如何呢？他对战败的撒克逊人进行了冷酷的镇压（与排除宗教异端无关）。对比起来，西西里的诺曼人简直像另一个世界的人，远渡英国的纪尧姆（威廉）是衬托西西里的鲁杰罗、纪尧姆的完美人选。十一世纪，从同一个家乡出来的诺曼人一部分君临单纯的农业社会，一部分面对繁荣的工商业城市社会，这一不同足以解释为何会出现上述的对比。在土地不再是唯一生产手段的社会中，握有财力的大商人、产业技术专家令新政府绝望，要是让这群人换个方式从头再来，那才真是杀鸡取卵，愚蠢至极。

新政权在阶层的建构中，为防止阿拉伯、拜占庭裔的实力派、过去的统治阶层失去原有的社会地位，政府煞费苦心，在法律制度、政务运营上沿袭了穆斯林的做法，连官职名称，如"埃米尔"的称号也在接手巴勒莫时不曾改变，大体保持原样。诺曼治下还有一点值得大书特书的是，政府将拉丁语、阿拉伯语、希腊语这三种当时地中海世界广为使用的语言都定为公用语（尽管有不得已而为之的成分）。宫廷中的主人们来自诺曼底，仅靠法语就足够交流，但国王们渐渐习惯了阿拉伯语，纪尧姆二世甚至以擅长读写阿拉伯语而著称。

公文中使用的年号虽然是西历，但他们也不排斥遵循穆斯林历法。查士丁尼法典（民法大全）、古兰经和诺曼底习惯法受到同等的尊重（即根据具体情况决定采用哪种）。穆斯林的法官和法国人的法官作为同事，在国王的审判庭上并肩而立。

身居高位的国王亲信中有大量阿拉伯人，当然也有希腊人。海军提督乔治就是出身于安条克的东正教徒，捐献了海军上将圣母教堂（其中耶稣授鲁杰罗一世王冠的马赛克壁画非常有名，1143年落成）。在侍奉鲁杰罗二世之前，他曾在突尼斯的埃尔·米底亚为穆斯林宫廷服务[1]。麦翁更是不知出

---

[1] 安条克的乔治，司令，曾指挥西西里海军攻陷亚得里亚海的要港科孚港（1147），后攻陷雅典、科利顿，调度一千艘规模的舰队，力压拜占庭海军的抵抗，直逼君士坦丁堡城下（1149）。此间在鲁杰罗介入北非内讧时，攻占了旧交埃尔·米底亚。早前，他在杰尔巴岛（加贝斯的东边）建立了舰队基地，扼住了与西西里之间的海峡，不论是基督教国家还是穆斯林国家，路过而不交保护费的船只都会遭到掠夺或击沉。当时在意大利、拜占庭、土耳其的舰队司令中，有很多人都国籍不明，被统一称为地中海人。关于安条克的乔治，参照维拉尔的前揭书，第241—250页。

身哪里,也不是欧洲血统①,父亲据说是个卖油(橄榄油?)的商人。作为一名杰出的行政官,他赢得了鲁杰罗二世的信任,并在纪尧姆一世时期全权执掌国政,政绩斐然。巴勒莫主教座堂(1184年)②的创始人——沃尔特·奥法米尔大主教是英国人(磨坊的沃尔特),诺曼宫里达到所谓"一人之下万人之上"的人中还有匈牙利人。用维拉尔的话来说,他们"从各国广纳贤士,组成人才团队"。

不过,需要强调的是,这种现象在萨拉森帝国[即拉维斯口中的"就像一个巨大的弦月,它被东西罗马帝国当作共同的敌人(后世的史学家来看这一说法虽然理论上成立,但实际上例外的情况太多——引用者注),在南边不断扩张着"]

(接上页)此外,在伊本·赫勒敦的《历史导论》中还有一位名叫艾哈迈德·阿西基利的人物登场。他在杰尔巴岛被西西里军抓获,为鲁杰罗二世任用,该王死后,因触怒纪尧姆一世而亡命突尼斯。后赴马拉喀什侍奉穆瓦希德王朝,成为强大的海军司令,在针对基督教各国的圣战中立功。参照前揭罗森塔尔的英译,第二卷,第43页。关于穆瓦希德王朝和西西里,请参照本书第188页的解说。

①关于巴里的麦翁,请参照维拉尔《地中海的诺曼人》第266页下面的叙述。当时的人们用阿拉伯风的"埃米尔的埃米尔"来称呼麦翁,维拉尔称之为"纪尧姆一世的萨利和黎塞留"。

②这里安放着第一代鲁杰罗王的棺材。后来为西西里人所讨厌的霍亨斯陶芬家族的亨利六世(1179年殁),以及他的儿子、神圣罗马皇帝中最杰出的腓特烈二世(1250年殁)的棺材也安置在此地。可以看出在十二三世纪的欧洲世界,具有显著异教性氛围的巴勒莫不仅未被人们疏远,反而成为人们向往的地方。故特附注。

一方并不罕见。举个浅近的例子,我们鲁杰罗二世的左膀右臂、海军"埃米尔的埃米尔"——乔治在乘船来到诺曼王国之前,曾是萨拉森帝国的地方行政官,他的父亲米迦勒是安条克的基督徒(希腊正教),同时也在埃尔·米底亚为官。乔治亦是如此,后来受宫廷阴谋事件牵连而亡命西西里,说明他的地位并非无足轻重。

"政治上的宽容"可以用征服者与被征服者之间的角力予以解释。不过在这个异质分子汇集的岛上,政治上的一视同仁还离不开"宗教上的不偏不倚"。政治稳定的时候尚可岁月静好、一片祥和,可一旦出现政治反目或经济上的针锋相对,对立势力往往会利用宗教信仰制造矛盾,从而导致身为杂居户的西西里王国产生无法挽回的裂痕。因此,为了维持诺曼王朝的安泰,如何做一个公正的调停者,获得各派异质分子的信任,是国王面临的最重要的课题。

基于前述理由,新政府在西西里设置管辖区时也充分考虑到了与罗马教廷的关系。它在马刺阿拉派了鲁昂的艾蒂安,锡拉库萨安排了普罗旺斯的鲁杰罗,特洛伊拿派了诺曼底的罗贝尔。和此前限制管理层内的法国人数一样,政府虽然从法国也招来了管辖区主教,但在数量上仍予以克制。而在罗马教廷看来,自己统治者的宗教地位受到尊重,还获得了新的地盘，因此也没有抱怨的理由。

希腊正教的人们的权利和习俗也得到了尊重，巴勒莫、特洛伊拿、墨西拿、特拉帕尼、马刺阿拉在建起罗马天主教教堂的同时，也建了他们的教堂。希腊正教的教徒们享受了充足的恩惠，以至于西西里希腊教会的主教们做起了美梦，一直坚信大伯爵鲁杰罗会改投自己一派[①]。国王的儿子鲁杰罗二世也继承了父亲的方针，诺曼王国最有名的希腊正教修道院，特别是墨西拿圣萨尔瓦多的修道院之所以能建得如此气派，都是他的功劳。

伊斯兰教徒虽然没要求政府修建清真寺，不过在他们还是这个岛的主人的时候，已经建起了无数的清真寺，这些都作为遗产保留了下来。在每一个城市的穆斯林区，当斋月前后教徒们在清真寺热烈地举行庆典时，基督教徒都会静静地观赏，没有一个人去妨碍他们庄严的祈祷。

对于这一情况，迪尔总结道：西西里的诺曼人"一方面保持着其固有的特色，同时还能站在拜占庭和阿拉伯裔人的立场上思考问题。正因如此，他们早在十一世纪就实现了政治上的宽容和宗教上的不偏不倚，书写了那个时代罕见的优

---

① 参照前揭《巴勒莫和雪城》，第71页。

秀案例。大伯爵鲁杰罗（1060—1101）率先采用了如此做法，他之后的三代继承者——鲁杰罗二世（1101—1153）、纪尧姆一世（1154—1166）、纪尧姆二世（1166—1189）都守护了诺曼王国创立者的这一传统。得益于此，各类性格迥异的异己分子在宽容中形成了统一的民族，一个无与伦比、魅力十足的文明由此诞生了[①]"。

不过，随着王朝的终结，诺曼实行的怀柔政策迅速化为埋葬在过去的记忆。因此我们有必要在上面的总结中多少加点注释。多彩而具有国际主义精神的文明，让诺曼的西西里显得如此与众不同，但随着西方（Occdent）影响的不断渗透，诺曼王朝内部开始逐渐失去其早期的性格特点。

在艺术领域，教会建筑的样式到十二世纪末期时彻底笼罩在拉丁的影响之下，如蒙雷阿莱的圆形屋顶、巴勒莫主教座堂。当然这不是什么坏事，毕竟一直步阿拉伯和拜占庭的后尘也不是一件值得骄傲的事。不过糟糕的是，岛内的封建势力和罗马教廷勾结起来，开始对穆斯林和希腊教会派采取敌视的态度，在政治上从最初的大幅宽容偏向对异教徒的无情迫害。诺曼统治下的西西里在世代更迭的过程中，从欧洲

[①] 参照《在西西里》的第201、202页。

流入的天主教会派越来越多,天主教会的封建贵族们渐成气候,国内的力量关系和建国之初相比发生了巨大的变化。到诺曼人入驻一个世纪后的纪尧姆一世时,甚至会发生偶发性的迫害穆斯林的流血事件。对此,王权亦无法压制,导致当时人口众多、经济富裕的穆斯林与天主教会的神职人员及封建势力发生直接的冲突与对立[①]。诺曼王朝健在的时候这一平衡尚且得以维持,但到纪尧姆二世晚年时,形势变得岌岌可危[②]。

从表象上看,这无疑是对异教徒的迫害。不过,天主教会方敢一反常态地置王朝的宽容方针于不顾,其根本原因在于:以阿拉伯人为主体的城市商业资产阶层,与以欧洲人为主体的封建贵族阶层之间,发生了利益上的对立,而支撑王朝的这两股势力在力量对比上发生了显著变化。这种变化让穆斯林靠十字军获得的地中海霸权受到动摇,更直接导致巴勒莫在地中海贸易中的地位发生下滑,预示着波澜壮阔的时代洗牌即将到来。

[①]参照亚洲报,系列4,第7卷(1846),第210、211页中阿马力的叙述。
[②]针对穆斯林的迫害早在纪尧姆二世去世的次年——1109年即爆发。十三世纪初期,罗马教廷出台了打压希腊正教的措施,禁止希腊正教的神职人员和拜占庭发生任何形式的接触。

说到开明的治理方式，除拜占庭之外的基督教欧洲是非常早的先驱性案例。不过，诺曼的皇帝们对诗人、哲学家、神学家、科学家的优待，也值得我们大书特书。其中将西西里推向文运巅峰的无疑是第二代鲁杰罗，他身边围绕着一批阿拉伯学者、技术家、医学家、天文学家、数学家、地理学家，其本人也拥有过人的智慧和丰富的教养，为协助学者们的工作而不辞劳苦。著名的阿拉伯地理学家阿拉·伊德里西（出身摩洛哥）受命制作了银制的地球仪和盘形世界地图后，开始执笔《云游者的快乐》（1154年，阿拉伯语），别名又称《鲁杰罗之书》。为了保证这本书的完成，国王派调查员四处搜集一手资料，甚至自己亲自帮忙，并以此为乐[①]。

西西里诺曼国王的军队因有一万名伊斯兰教徒而闻名，它成为西西里王国介入意大利政局时的一张王牌，而在欧洲的基督教国家看来，这是基督教国家的一国之王绝不该有的行为。十二世纪末，阿拉伯旅行家伊本·朱巴伊尔曾来到此地，根据他的记载，这里御膳房的负责人竟是穆斯林，可见国王（纪尧姆二世）对穆斯林的信任之深，无怪乎他在游记中写道："真

[①] 伊本·赫勒敦在执笔各地的地理时，将阿拉·伊德里西的《鲁杰罗之书》作为参考资料。参照前揭罗森塔尔的英译第一卷，第116页。

主啊,为了所有的穆斯林,请保佑国王健康长寿吧①"。

4. "这或许是整个中世纪最高雅、最独特、最具魅力的文明"(迪尔)

即便是在西西里,阿拉伯-诺曼式建筑,除去一两处例外,其余都集中于巴勒莫及其近郊。建造暗藏王朝时代荣华遗风的建筑,不论在何处都大同小异,但在西西里,这些建筑仿佛正是为了增添首都壮丽色彩、营造天子脚下皇家威严而建,这也是该风格代表性建筑物地理分布所显示出的明显特色。

几何学上的以及算尽各种平衡的造型上的和谐与色彩的

---

① 伊本·朱巴伊尔的游记中关于西西里的部分,曾分三次连载于亚洲报,系列4,第6卷(1845)、第7卷(1846)。除阿拉伯原文之外,还附有意大利东方学者阿马力的法语译文和译者细致的注解。据阿马力所述,伊本·朱巴伊尔是西班牙的穆斯林,生于巴伦西亚,供职格拉纳达的宫廷。他是学者和诗人,在朝圣麦加的途中顺道历访了西亚的主要城市(按阿马力列举的顺序,有耶路撒冷、米底亚、麦加、大马士革、摩苏尔、巴格达等),伊斯兰历法581年(西历1184、1185年),在返回西班牙的途中来到了西西里。他在前往亚历山大港的船上所写的见闻录在当时受到好评,被广为阅读。他说"穆斯林称之为首都,基督教徒称之为巴勒莫……西西里最美的城市"是科尔多瓦风的建筑(Cordouanne de construction),详细介绍了海军上将圣母教堂(当时以捐献者Antiochéen的名字命名)的建筑方式,夸赞其美乃世界之最。在说到巴勒莫周边的诺曼朝离宫时,又将其形容为"如妙龄女子的项链",强烈彰显了一个阿拉伯诗人的风情。此外,正是读了他的游记,我们才意外地发现穆斯林将基督教徒称作多神教徒(polythéiste),虽然后者在拼命宣传自己是三位一体。

巧妙搭配——虽然正因如此,也有人指出它缺乏梦幻性和想象力(琼·兰贝特)——是阿拉伯引以为豪之处。

如若将此视为阿拉伯—诺曼式建筑的特色,未免过于平庸。不过,阿拉伯—诺曼式建筑的代表性作品风格极为统一,可以说无一例外全部出自同一建筑工坊之手。看来,这一流派实质上或者说名副其实地产生于诺曼皇室御用工坊,是极具人为色彩的产物。事实上,赞助者诺曼王朝覆灭后,马赛克技术这一传统在巴勒莫传承直至十六世纪,但因衰退速度飞快,阿拉伯—诺曼式建筑初期作品所展现的风格及其庄重感已消失无踪。①

诺曼人的西西里不仅在政治地图上,在文化地理上也依然被看作欧洲的一部分。那么,阿拉伯—诺曼式建筑作品在欧洲建筑史上占据着何种地位呢?这时,我等业余人士能够信赖的,就是这方面专家的见解了。我试着从尼古拉斯·佩夫斯纳(剑桥大学)的概论《欧洲建筑绪论》中寻找答案。

正如该书标题所划定的,作者一开始便告知读者,"在欧洲建筑发展中只具有边缘意义或不具备欧洲特色的,即非西欧的建筑将排除于本书之外"。因此,在这一标题之下,他无

---

① 参见前文所引兰贝特的论文,第438页。

法探讨诸如希腊神殿之类的建筑。但也只是事先说明了无法探讨的理由，再无其他。①

说到野心勃勃的子孙朝西西里进发时（十一世纪）的"欧洲的"诺曼人，佩夫斯纳指出，他们"那时已在法国西北部居住了上百年，从维京的冒险家变身为头脑清醒、果敢先进的广阔领土的统治者，在所有可能的地区采用法国的成果。——比起他们自己的成果，这些更适合柔和的法语和克吕尼改革——而他们又以自身原有的精神力量使这些成果熠熠生辉。"他还指出，"在建筑方面，诺曼式建筑是西欧罗马式建筑中最一以贯之的，在十一世纪给法国、更给英国带来了重大影响，它塑造了英国中世纪的建筑。"

在上述的两段引用中穿插着一段文字，"他们于十一世纪及十二世纪征服了西西里和意大利的一部分，在那里创造了极为有趣的文化。那是诺曼底执政时期最先进的文化与萨拉

---

①参见佩夫斯纳著、小林文次译《欧洲建筑绪论》（1954年，原著出版于1948年），第2页。如今，有些人过伊斯坦布尔而不入，却一定会到旅游城市雅典，老套地立于卫城山丘之上，因见了欧洲文明的起源而感动不已。这些人实在可悲，但他们对"欧洲"的认知却基本正确。如此说来，我认为佩夫斯纳的事先声明正合我意，已经读过本书主篇《东洋史与西洋史之间》的诸位应该能够想到这一点。不过，我若是在整理1956年《纪要》论文之前就读了佩夫斯纳，或许便不会像吃了定心丸般安心写作，而是写作意愿骤然减半。

森人思想和习惯中最先进内容的结合物"。① 西西里的大名还曾出现于这样一段文字当中,"比萨大概是靠——比起托斯卡纳风格更具东方风格——的异国情调来打动人心的。同样的,威尼斯建筑与拜占庭式建筑有关,西西里建筑与阿拉伯式建筑有关,各具异国色彩"。②

遗憾的是,从这简短的谈论中,我们只了解到,作者所谓诺曼人从诺曼底带来的"最先进的文化"中并不包含"诺曼式建筑"。多么希望佩夫斯纳这一级别的学者能够写一部东方即地中海而非欧洲文化圈的建筑史概论或已有相关著作公开出版,奈何我等业余人士,有幸再度目睹实物,却只能停留于赞美,目前能确定的不过是,难得一见的"西西里风格"及威尼斯西西里式建筑是被概论式欧洲建筑史排除在外的"异国另类",处于被否定的地位。仅此而已。

既然"政治上的宽宏大量与宗教上的不偏不倚"是诺曼人统治西西里的特色,那么他们连皇家礼拜堂之类的建筑都采用阿拉伯或阿拉伯拜占庭风格这一举动,也可以看作是与原住民教派完全不同的异端外来政权营造具体视觉形象工作的一环,表明他们对处于被统治地位的异民族、异教徒将遵

---

① 参见佩夫斯纳《欧洲建筑绪论》(A Pelican Book,第二版)第 41 页。
② 参见佩夫斯纳,鹈鹕文库版第 52 页,日译本第 41 页。

循宽宥政策。然而，他们之所以这样做——过去，入侵波斯的马其顿的亚历山大大帝亦是如此——毫无疑问是因为占领地本身的文化水平以及此前统治者奢华的生活环境大体使他们满意。

处于十一世纪中叶罗马式阶段的诺曼底的诺曼人，在柑橘压弯枝头的南部岛屿西西里遇见的，是以广泛国际通商支撑下的都市文化形式出现的已臻成熟的东方即地中海文化，其散发出的魅力及充满先进文化的自信令他们折服。他们以这座富裕之国统治者的身份降临，心甘情愿地拜倒于连谚语都讴歌的东方宫廷文化的石榴裙下，倒也不足为奇。事实上，诺曼王朝的皇帝们对东方情趣的痴迷，可以说已经到了沉溺的地步。

拜占庭研究的权威查尔斯·迪尔将那些奢华的服装和宫殿的模样、他们的风俗、品性、嗜好、他们的侍从的模样一一列举并记录道，"罗杰、纪尧姆等王公的生活，与拜占庭皇帝、巴格达或开罗的哈里发别无二致"[1]"在阿拉伯建筑的优雅之中，被树影和泉水环绕，西西里的拉丁（罗马教会）王们过着如东方君主一般的生活"[2]。同样地，"尤其是在风俗

---

[1] 参见迪尔的《巴勒莫和锡拉库萨》，第75页以后。
[2] 同上，第83页以后。

习惯上、在精神上,巴勒莫宫廷完全是东方式的"①,想必迪尔所言毫不夸张。正如您所期待的,他们还设置了伊斯兰式后宫②。他们甚至召集听从穆斯林士官指挥的黑人部队作为王公亲卫队,其沉迷之至,可见一斑。

他们选择的王国都城巴勒莫因阿拉伯人以此为活动据点而迅速具备了大都市的样貌。称其为伊斯兰文化的私生子也无不妥。佩夫斯纳所言诺曼人创造的"极为有趣的文化"就是在巴勒莫这片沃土上开出的花朵。

972年到访西西里的伊本·霍卡将巴勒莫的繁华与科尔多瓦媲美,视其为名副其实的东方大都市。③约两世纪之后,遍布佩夫斯纳眼中"异国风情"宫殿与教会建筑的诺曼王朝末期的巴勒莫迎来了又一位阿拉伯旅行家伊本·朱巴伊尔。彼时他于巴勒莫联想到的,也是科尔多瓦。巴勒莫大街小巷的风光,对一个伊斯兰政权下的西班牙穆斯林而言,谈何异国风情,只会令他想起故土家园。他在当地欣喜地发现,在

---

①参见《在西西里》第210页。
②近亲之外的男性禁止出入。——译者注
③这位出生于巴格达的大旅行家将巴勒莫比作科尔多瓦,并不只是认为两者在大小或城市构造上相似。如果将萨拉森帝国内部以不同色彩加以区分,与掌握大陆商队商业的东方帝国不同,西方帝国以海上霸权为特色,而科尔多瓦就是西方帝国的大商业中心。在两者都以地中海商业为繁荣之基这一点上,能与巴勒莫相提并论的只有科尔多瓦。

诺曼人的治理之下,穆斯林住民与在伊斯兰教国家一样享受着穆斯林的生活,特别是伊斯兰文化在基督教徒的社会中产生了显著的影响。

据伊本·朱巴伊尔记载——

> "巴勒莫的基督教上流妇女,言谈优雅,纱巾蒙面,身穿罩袍,完全模仿着穆斯林女性。圣诞祭典时,她们穿着金色丝绸礼服外出,包裹优雅的罩袍,头缠彩色面纱,脚穿金色女式系带皮靴。再以首饰、脂粉、香水大肆装扮,完全以一副穆斯林上流妇女的扮相,在她们的教堂中得意洋洋地昂首阔步。"[1]

阿拉伯的故事讲述者对"以残酷的禁欲为美德,认为阉人主教之伟大无人能敌的法兰克人"[2]的讽刺或怜悯,大概是这以后的事情了。但在十一、十二世纪这段时期,既然女性基督教徒精英宣布了穆斯林扮相的胜利,以地中海中心这座大型岛屿为舞台上演的东方与西方的碰撞,显然胜负已决。

---

[1]参见 Journal asiatique 第四辑,第七卷(1846)第82页。
[2]参见《千一夜物语》(岩波书库)第十七卷,第223页。

5. 西西里与皇帝腓特烈二世

巴勒莫国立美术馆有一座气质高雅的年轻女性半身像，这是一座名为"阿拉贡的埃莱奥诺拉"的大理石像，作者是弗朗西斯科·劳拉那（生于达尔马提亚，逝于1490年）。巴黎卢浮宫美术馆有一座极为相似的女性半身像，作者应该也是劳拉那，但原型人物是谁尚不知晓。巴勒莫的埃莱奥诺拉应该是阿拉贡家族的某位公主或王妃。

历经一个多世纪，贤明的诺曼王们在西西里守护并孕育出与当地明快的自然环境相得益彰的明快氛围，因此，面对美丽雕像的主人公在世时的西西里，我们可以赞颂这座岛屿一直沐浴在"最独特、最具魅力的文明"之中。然而，那里有的也只不过是与大陆地区相比毫无起色的"中世纪欧洲"世界的一部分而已。阿拉贡家族成为西西里统治者是在1282年，也就是发生"西西里晚祷"Vepres Siciliennes这一戏剧性事件的那一年。十五世纪初，西西里被阿拉贡王国吞并，宗教裁判迎来不可抗拒的命运，归顺于一家独大的西班牙统治，要想知道花园已遭践踏，无须等到埃莱奥诺拉的十五世纪。

1189年，纪尧姆二世死后，霍亨斯陶芬家族的神圣罗马皇帝腓特烈·巴巴罗萨，1190年于十字军（第三次）东征途中,溘逝于西里西亚。其子亨利六世全面接管横跨西西里与南意大利的诺曼王国,这不仅因为他的王妃康斯坦丝出生于诺曼王朝(罗杰二世的遗腹女),也因为纪尧姆二世与巴巴罗萨约定,如若纪尧姆没有留下子嗣便死去,则由康斯坦丝继承诺曼王国。老父亲巴巴罗萨作为最高统治者,始终伺机将权力范围由北面波罗的海扩张至南面地中海。而诺曼王朝当家人纪尧姆二世,奉劝这位野心勃勃的德意志王兼皇帝,暂时打消以武力入侵南意大利的念头,先缓和北面的威胁。这场浩大的政治联姻,可谓是二人各怀鬼胎之产物,有如同床异梦之典范。[1]

话说回来,亨利六世(皇帝,1190—1197)本应坐收渔翁之利拿下宝岛,但在西西里迎候他的,却是支持诺曼王统的西西里民众的强烈反抗和阿拉伯系抗战主力。另一边,德意志君主吞并历经诺曼王朝时代后欧洲最昌盛、最富足的西西里王国,一跃占据优势地位,引发罗马教廷忌惮,转而煽动西西里民众对德抗战。作为皇帝腓特烈·巴巴罗萨的继承人,亨利也曾描绘其再现古罗马帝国之野心,然而,在本该成为其地中海政策强力基石的西西里,他所做的是花费五年

---

[1] 参见皮雷纳:《世界历史的大潮流》(1944),第98页。

（1189-1194）时间镇压顽强的西西里人的反抗。这期间，他留下的只有连"库克罗普斯"[①]的称号都不足以形容的数不胜数的残暴行为[②]、如桃太郎般从这座一半属于东方的宝岛攫取财宝运往德意志的行径，以及自镇压反抗至离世的三年统治中贯穿始终的血雨腥风的恐怖政治。

后世史家将西西里人对亨利六世的强烈反抗，以及由此导致的近一世纪后的"西西里晚祷"事件——民众反对以教廷为后盾登上西西里王位的安茹家族的查理在占领区的统治，于1282年复活节从各地蜂起，将安茹家族势力自岛内一举肃清（此时没有对法国人赶尽杀绝的只有斯佩尔林加一城）——看作西西里人民族意识的显露，看作诺曼统治已成功从异教徒、异人种的集团中塑造出一群西西里国民的证据。我们自然无法撇开外来统治者的压制这一契机来思考问题，但如若上述见解无误，那么这一事件便是在欧洲历史上也堪称史无前例的早期民族主义萌芽。

1197年亨利六世离世，西西里王位由他和康斯坦丝所生、时年仅四岁的儿子继承，也就是后来神圣罗马帝国的皇帝腓特烈二世（1212—1250）。他集祖父腓特烈·巴巴罗萨与外

[①]希腊神话中的独眼巨人。——译者注
[②]参见维拉尔前引书第337—339页。

祖父罗杰二世的个性于一身，与教廷，尤其是格列高利九世如命中注定般势不两立，支持者称其为"普罗透斯"[1]，敌对者称其为"安提杰斯托"[2]。卡尔梅特称其为"中世纪（欧洲）最令人好奇的人物之一"，迪尔评价其早在十三世纪就"具备了文艺复兴时期君主的心胸与面容"。总之，这是一位在罗马教会号称教皇权力鼎盛的十三世纪仍大肆突破欧洲框架的人物。

腓特烈出生于阿普利亚，成长于巴勒莫，自幼通晓意大利语、法语、希腊语。作为西西里国王，他深爱着世界性大都会巴勒莫的宫廷，而作为名门望族霍亨斯陶芬家族的嫡系，他是西方政界巨擘。相应地，巴勒莫也不仅仅是西西里王国的都城（首府），而是以国际大都市之姿占据欧洲重要地位。由此，腓特烈二世治下的"巴勒莫作为政界大事件和文明的中心才得以开出最后的花，并连续数年占据欧洲政治与智慧的首府地位"（迪尔）。[3] 不过，巴勒莫再度迎来光辉之日，与腓特烈以西西里国王的身份兼任皇帝这一个性化人为事件有

---

[1] 希腊神话中的一个早期海神。——译者注
[2] anti 是"敌对"的意思，凡占据基督尊位的，要代替主的，就是"敌基督"。
[3] 参见前引《在西里里》第226页。

着重要关联,①却并不意味着依靠与阿拉伯地中海霸权相结合而发展起来的国际商业都市巴勒莫——即便已脱离阿拉伯统治——直到十三世纪中叶,依然受到支撑其全盛期繁荣的优良经济地理条件的眷顾。曾被视为辉煌文化之都的巴勒莫,随着皇帝腓特烈的西逝,霎时间如油尽灯枯般衰败下去,这一事实充分传达出其间的信息。

人们认为,腓特烈二世最显著的特色,体现为他既是受了十三世纪欧洲独特的政教(皇帝与教皇)争霸中教会一方起用的最强主将、为教会带来荣誉的元勋英诺森三世熏陶的弟子,却又"对宗教事务持惊人的怀疑态度"②。格列高利九世催逼十字军派兵,他因拒不配合而于1227年被逐出教会,后却独自谋划派遣十字军(第六次)出征。他不用武力而与穆斯林和平对话,以共治"圣都"(与伊斯兰方共同统治)这一现实路径,解决了陷入泥淖的东方问题。如此种种使其威颜尽展。卡尔梅特之所以在概述十字军史的记载中评价道"卓有成效而毫无教化作用,就是腓特烈二世的十字军",是因为

---

①腓特烈二世违背了企图将其束缚于德意志王位上并在西西里王国确立教皇封建宗主权的英诺森三世的方针,在该教皇死后,他让自己的儿子继承了德意志王位,自己兼任西西里国王和神圣罗马帝国皇帝。参见卡尔梅特《封建世界》第282页。
②参见同上第281页。

以此种"政策与宗教上的怀疑主义与容忍态度为立场的合作",正是"尽其所能与十字军理念划清界限的产物"。①

腓特烈是科学与文艺的爱好者,也是优秀的保护者。基督教第一位代数学者、将阿拉伯数字引入欧洲的莱奥纳多·皮萨诺就是受其庇护的,他还聘用因将亚里士多德著作译为拉丁语而出名的阿拉伯或犹太学者,他身边聚集了阿拉伯学者、希腊化学家、犹太医生等一大批国际精英。他本人曾写过一部有关狩猎的出色作品,同时还是以通俗意大利语创作诗歌的第一人。和母亲家族的西西里王一样,他沉醉于东方的魅力,不止知识和学问,连风俗也主动向阿拉伯靠拢。宫廷完全保持东方风情,并拥有一支萨拉森佣兵队,甚至在某些令基督教欧洲蹙眉的点上,也坚持再现诺曼时期的西西里。②

然而,腓特烈并没有很好地继承以政治上的宽宥和宗教上的容忍为宗旨的诺曼王朝的魅力传统。作为西西里王国的统治者,他不仅没能像西西里诸王般成为值得信赖的保护者,获得惨遭罗马教会神职人员与封建势力日渐露骨之迫害的穆斯林们的信赖,还于1221年再次遭遇穆斯林的公然反叛,直至1225年才平定叛乱。他屠杀了几千名穆斯林,强制将数

---

① 参见同上第415页。
② 参见前引《在西西里》第230页。

千人集体迁移至南意大利,以此种非常手段平息事态。至此,为十二世纪的西西里增光添彩的宽宥政策在内政上彻底告吹。①

1232年,封建贵族和农村地区开始反叛。这次反叛可以看作是封建势力对腓特烈以集中君权为目的于1231年颁布的宪法Constitution的反击。此前不久,英国封建贵族成功逼迫约翰王发布限制王权的《自由大宪章》(1215年)。但在腓特烈的西西里,情形基本与之相反,封建贵族的反抗遭到镇压,"已然崩塌的封建制废墟中树立起最独裁的'君主专制'政体"。② 如若依照一般说法,将此视为近代绝对君主制的先驱——卡尔梅特称"第一个真正的近代国家"建成了——那么腓特烈创立的形式则领先欧洲大陆好几个世纪。

诺曼王朝建立伊始就已将刑事裁判权保留于王权之中,向君主制迈进了一步。腓特烈二世将这一方向彻底制度化,并将统治体制一元化,开启君主专制官僚政治的先河。过去,他的祖父巴巴罗萨也意图实行中央集权,但遭伦巴底等城市反抗未果。腓特烈二世为使联合教廷共同抗争的都市共和国屈服,也花费了数年时间,但在西西里王国内部,他成功而

---

① 参见《在西里里》第225页。
② 参见同上第226、227页。

迅速地建立起了新的体制。不过，将这种君主专制视为先驱的说法仅限于西方，东方帝国也即拜占庭帝国对此早已驾轻就熟。

欧洲中世纪史的权威学者卡尔梅特虽然对其作为英诺森三世的弟子在宗教上的怀疑态度着墨甚多，但却称此为"处于中世纪三种文明的十字路口、融合了不同要素的西西里环境的产物"。他既专制又开明，他高度赞赏阿拉伯学问，他在耶路撒冷商定共治，不论哪一件，都非他那对西西里王国而言不过是个闯入者的父亲亨利六世和教廷派来接任他的法国王弟弟查理·安茹之流做得出来的。不过，关于他作为十字军（第六次）统帅为西亚树立了"宗教上的怀疑主义和容忍态度"典范一事，还需稍作深入说明。因为，在西西里王国内政方面，正如某些夸张的传言所称，他并未善待作为异教徒的穆斯林。他不仅没有实施宽宥政策，甚至采取与亨利六世如出一辙的高压手段。事实上，在此影响之下，到十三世纪末岛内的伊斯兰教已消失无踪。①

如果说腓特烈在从属于西方的西西里王国严格实施异教高压方针是对教廷采取的政治策略，那么在耶路撒冷与

---

① 参见维拉尔前引书第 342 页。

穆斯林的和平共处也就不只是他个人宗教观的问题，而是他作为皇帝采取的地中海政策。方才引用的卡尔梅特的记载，从主张"政治策略"到言及怀疑态度，其含义大概也在于此。

此前的一个世纪以来，萨拉森帝国就处于分裂状态，拜占庭帝国也内遭土地贵族抬头与割据，外受威尼斯压迫，再不见昔日商业帝国的雄姿。正如地中海国际形势的这般变化使亨利萌生了痴心妄想，有关地中海乃"罗马人之海"的古罗马帝国的旧梦[①]，对于以地中海中心这座庞大而富足的岛屿为家的皇帝腓特烈二世而言，也是极具魅力，非他莫属的。腓特烈不仅未使西西里的穆斯林免遭异教迫害，还将其逼入明目张胆进行反抗的境地，却在地中海政策上学习诺曼诸王，企图在基督教世界和穆斯林世界之间重新铸造起立足于宗教宽宥政策的和平。他所走的第一步就是组建卡尔梅特所谓"卓有成效而毫无教化作用"的十字军。因为，不断引发穆斯林反抗的做法，只会为再造地中海统一徒增摩擦。

然而，讽刺的是，他在东方伊斯兰世界对外宣扬的宽宥政策，使他在西方基督教世界处于不利地位，最终陷入对内

---

① 前引皮雷纳著作第 114、115 页。

遵循教皇推崇的党同伐异路线的窘境。

十三世纪前半期,西方政界两大巨头格列高利九世和腓特烈二世之间火花四溢的对决,是一场政治策略上水火不容的你死我活的斗争。教皇一方的目的在于以权力体制维护教权不可动摇的优势地位与严格的宗教正统性,而英诺森三世"可怕的弟子"腓特烈的目的在于,以宗教上的宽宥政策恢复地中海世界的统一并使政权独立于教权。[①]

此时,支持奔赴阿尔比清剿异端的十字军(第三次阿尔比十字军,1226—1227年)残酷的镇压、以宗教裁判制度化为目的的教皇格列高利九世,绝不可能容忍腓特烈之流的和平共存政策。1229年,皇帝千辛万苦重建的耶路撒冷王国遭到报复,禁止对神职人员进行洗礼。[②]最终,看透西方嘴脸的埃及苏丹将耶路撒冷收回手中。另一方面,教廷与反对腓特烈二世推行中央集权专制统治的意大利城市共和国结盟,宣称要从腓特烈手中夺回西西里。腓特烈既已无法在寄托了地中海政策之梦的耶路撒冷实现与异教徒的和平共处,除与罗马教会妥协拥护教会外也别无他法。[③]"对宗教事务持惊人的怀疑态度"的"敌基督"腓特烈二世的形象,与虽是出于政

[①][②][③]前引皮雷纳著作第114、115页。

治策略的考量，但的确热衷于镇压异端的——遑论开明，他简直如欧洲中世纪非人黑暗的化身一般，以专制统治者之姿支持镇压——怪物腓特烈二世的形象，在此重叠起来。

1241年，他的宿敌格列高利九世去世，时隔九年他也随之而去。查理·安茹讨伐其庶子曼弗雷德从而占领西西里王国，此人将沉溺于东方宫廷生活的皇帝腓特烈称作"卢切拉的苏丹"——是个因皇帝罪孽深重而惶惶不安的人物。[①] 查理糟糕的代理政治引发了岛民的不满，1282年巴勒莫发生暴动，暴动成功的后盾正是曼弗雷德之婿阿拉贡的佩德罗与君士坦丁堡皇帝们的合谋。大屠杀的消息一传到巴勒莫，事先已知阴谋计划的佩德罗，就称自己要远征突尼斯而扬帆起航，命士兵待命于北非沿岸。他等待着西西里岛民的介入，于八月初登陆特拉帕尼，在海军的强力支援下歼灭法国残余部队，于巴勒莫迎来了西西里王位。这一切都在他们的计划之中，如愿以偿。

面对阿拉贡家族篡取西西里，教皇旋即号召十字军收复失地西西里，嫡系阿拉贡王向教廷妥协，旁系阿拉贡王则陷入窘境……昔日以富强著称、即便介入欧洲大陆政局也不为

---

① 参见《在西里里》第230页。

其所扰的诺曼王朝的西西里，已然消失无踪。①

在西西里的每一次政局转换中，不论教廷如何策动，始终未能将西西里纳为自己的封建领地。然而，历代诺曼王治下如欧洲中世纪世外桃源般欣欣向荣的西西里，到如今不再是向东方即地中海世界敞开的一扇西方之窗，而不过是作为欧洲世界的一部分遗落在南方的边境小岛。要想知道这一切，无须等到安茹的查理或阿拉贡的佩德罗登上西西里的那一天，因为这座主要魅力依然来源于阿拉伯与诺曼时期的美丽岛屿，早在十三世纪前半期，自它将一位在"生活和意见"上大肆突破欧洲中世纪框架的罕见人物奉为君主，放弃罗杰式宽宥政策并实行格列高利式高压政策后，就已经走上了一条自证为西方一员的不归路。

6. 西西里的"东方即地中海文化考古、历史博物馆"

意大利美术史入门宝典《意大利神迹》（我所用的版本为1930年修订增补的英文版）对西西里作了如下介绍。

"所谓'西西里是欧洲考古学博物馆'，的确恰如其分。因为，从史前人类留下的巨石文化遗迹，到腓尼基人和卡塔

---

①详情请见 H. 莱昂纳顿与乔治·伊夫合著记载，《在西里里》第 235、236 页。

戈人建造的城墙地基，希腊风格的神殿、剧场和城堡，罗马技师修筑的桥梁、水道和圆形剧场，源自萨拉森的清真寺和塔，甚至诺曼人的教会、城池、宫殿，都可以在西西里见到。其数量之多数不胜数，精彩之至难以描述。"①

该书作者在末尾将诺曼时期的建筑物也算入其中，并称之为"欧洲的考古学博物馆"，颇耐人寻味。自十一世纪后半期诺曼人成为该岛主人以来，西西里在形式上已然属于基督教欧洲的一部分。而实质上——近一个半世纪的诺曼王朝时期虽然短暂，但以"黑暗的欧洲中世纪"笼罩这座岛屿的亨利六世时期和再次被信仰的西方世界视为异端的腓特烈二世时期为过渡——最迟自十三世纪中叶起，该岛也已全然是欧洲的一部分了。因此，将西西里视为"在欧洲"的博物馆也无可非议。

然而，正如佩夫斯纳所坚持的，从严格的学术角度来理解作为文化概念的欧洲，那么这座博物馆所展示的纪念品在欧洲文化之产物这一意义上是否属于欧洲呢？在这一点上，《意大利神迹》的作者有必要对"恰如其分"这一形容做出解释。不过，我忧心作者因此记恨我，说那家伙（指我本人）

①参见前引《意大利的奇迹》，第528页。

把欧洲和西方有趣的地方左一个右一个搬出来，像个半路打劫的。我不善应对此类记恨，因此要拉建筑史家佩夫斯纳教授做个伴，他能用摆在眼前的物证证明自己的主张。他在《欧洲建筑绪论》的前言中声明，"除史前时代和古代外，公元最初一千年的建筑基本排除在外（既然标题已强调为欧洲建筑）"①。因此，即便难得有希腊风格神殿，萨拉森时期结束以前的西西里也被排除在外。而诺曼时期的西西里也因"与阿拉伯风格相结合（对欧洲而言）属于异国"，令佩夫斯纳敬而远之。这一点在第四节已有介绍。不止西西里，威尼斯也是如此，这位教授视其为拜占庭风格，也属于异国，因而不论圣马可广场多么魅力无穷，也绝不将其纳入欧洲建筑美术史。正如迪尔所言，那里的繁华是"东方分店"的繁华。

总而言之，还是将上文的比喻改为西西里的"东方即地中海文化考古历史博物馆"为好，如此也不至引发误解。"除古代外，公元最初一千年的建筑"被遗落，没能以历史悠久的建筑为豪的确可惜，但自罗马风格尤其是近代以来，格外丰富、多产的欧洲文化做出这点让步，总不至于斤斤计较。

正处于大显身手阶段的近代西方代表，从东方各地掠走

---

① 参见前引日语译本，第3页。

大量古往今来宝贵的文化遗产,陈列于大英博物馆或卢浮宫之中,数量之多令人咋舌。十一、十二世纪的诺曼人将这座名为西西里的"东方即地中海文化考古历史博物馆"连同整座岛屿攫为己有,赠予欧洲。如若直言不讳,事实便是如此。

【附录】"东方始于比利牛斯山"

忽而传来一阵异样的声音,若是在日本的火车里听见倒也不足为奇。正当我们从纳博讷蜿蜒至地中海沿岸的比利牛斯山脉终于踏上西班牙国土之时,近前传来一阵不知来历的歌声,使我陷入一种难以置信的恍惚。我只能想象在间隔一两节的车厢(车内区隔)内,或有一群穿着短褂的潇洒匠人正乘兴而歌。这歌声与歌剧院或礼堂里那种撕裂苍穹、炫耀洪亮嗓音的发声法正相反,它的旋律似乎有意克制,只从抑扬顿挫中自得其乐,它不是西方的,甚至让我猛地想起我们东方的民谣。

那日清晨我于尚昏暗的五时许告别图卢兹。除寂寥的灯影外四望无物,我便躺在坚硬的座椅上小憩。天完全亮时,已临近纳博讷了。天气极好。车窗外,照例是绵延起伏的看惯的山野景色,丘陵坡面上连片的葡萄田,时而浮现的背景般的山丘上古老的宅邸或城池的废墟,除此之外无甚值得一提的风光。一路走来，经过佩皮尼昂，到临近山海处穿过两三个隧道，终于越过国境时已是九点半。西班牙境内铁道的宽度有意与欧洲诸国区分，因此我不得不在边境小镇波特博换乘新的列车。与此同时，时钟回调一小时，时间又来到上午八点半。

法国时间不到五点时我匆匆用过早餐，到了这边还要再糊弄一小时才能吃午饭，我耐不住饥饿，于是到波特博车站的小卖店购入三明治和香蕉以备第二顿早餐。所得之物包括食物和名为《精选指南》的列车时间表四月号。大体来说，在西班牙这类列车趟数极少的国家坐火车旅行，如不详细咨询现行的列车时间表，则根本无法确定观光顺序和日程。不过，我从之后的一次次经历中明白，时间表也不过是个大致基准，真正可信的顺序就是看着沿途车站依次出现于眼前。然而，日本的铁路运行是世界公认的一丝不苟，对成长于这样一个国度的人而言，脑子转不过弯来也在所难免。

在波特博的新车厢内落座用完即食便当后，我翻阅起这本《精选指南》。如果按照这份时间表正常运行，上午九点从波特博出发，恰可于正午时分抵达巴塞罗那。沿途的萨拉戈萨、马德里、托莱多，当然还有科尔多瓦、格拉纳达、塞维利亚都不容错过，然后绕行临近葡萄牙边境的梅里达，最后在离开圣塞巴斯蒂安之前要一睹坎塔布利亚海岸的阿尔塔米拉洞窟等，我就这样心驰神往于贪多不厌的目的地之间，考虑着如何安排火车倒换，久久沉迷于设计一趟遍访西班牙的高效旅程。就在这时，突然之间，方才提到的那阵与西方格格不入的歌声传到我耳中。它令我不知所措，给我一种颠倒错乱的印象。说起来，一年前我在罗马时偶然看到一部名为《大饭店》的有声电影，其中两位名叫巴里摩尔或是别的什么名字的眼睛极大的美国女演员竟堂而皇之地用意大利语对话，这歌声给我的冲击不亚于此。想必是因为我们脑中含糊建构起的西班牙与现实中的西班牙，抑或说面向海外输出的西班牙与当地平民的西班牙之间颇有一段距离。

在世界史中盛极一时的西班牙，作为大型海上霸权化身的西班牙，吸引埃尔·格雷考、孕育出委拉斯凯兹和穆里罗的黄金时代的西班牙，遗憾的是，面对如此这般的西班牙，我却只潦草知道些政治史概况。说起我们印象中的西班牙，若巨匠戈雅还在世也已是暮年，彼时的西班牙作为一个国家，眼见着大西洋彼岸的殖民地纷纷叛离，自大帝国之位上一落千丈，我们印象中的西班牙应该是自那以后的西班牙。当年，该国的艺术精华因是西班牙的便是世界的，而如今都静默于美术馆的画廊中或寺院的墙壁上，落满时代的尘埃。因此，许多人都如雷诺阿一般，到西班牙只去马德里，到马德里只去普拉多博物馆，饱览之后便只剩下对此地"寸草不生"的惊异打道回府。可即便如此，他们的选择也丝毫不受影响。这群人，就算是在前不久的内战（本稿写于1941年6月）期间，倘若普拉多有许多杰作被搬至瑞士，在日内瓦一带举办委拉斯凯兹或戈雅的展览会，他们也必要蜂拥而至才心满意足。

然而我们不同，使我们了解西班牙独特风土和地方特色，告诉我们该去伊比利亚半岛旅行的人中，有普罗斯佩·梅里美或特奥菲尔·戈蒂埃。如此一来，追随其后，憧憬着浪漫的异国情调，从欧洲翻越比利牛斯山的巡礼者的队伍便也浩浩荡荡。

梅里美第一次来到这个想要一探究竟的国家是在1830年，他于6月末出发，大约待了半年。再度访问该国家时是1845年，而《卡门》正发表于这一年。不久后的1840年5月，《航行在西班牙》的作者特奥菲尔·戈蒂埃在美术爱好者欧仁·皮奥的陪同下，踏上了马德里之旅。特奥菲尔在访问后认为，格拉纳达的阿尔罕布拉无甚值得添写之处，该评价是否得当暂且不论，毋庸置疑的是，这次旅行对年轻诗人戈蒂埃而言绝对精彩万分，收获巨大。

可以看出，在距今一个多世纪的这代人当中，旅行似乎是一种潮流。尤其是先进人士、文人或艺术家更是不远万里踏上行程。意大利也好，"东方"也好，特别是西欧文化与伊斯兰文化混合的非凡产物西班牙的风光，更是集他们的宠爱于一身。他们描绘焦金流石的烈日，摹写田间劳作的妇女，因斗牛而热血沸腾，甚至有意尝试过路遇山贼。时至今日，西班牙的险路依旧世界闻名，可谓言艰险则必称西班牙。布满所谓"烫发大波浪"的公路，对于骑自行车的旅人来说一定不轻松。然而，在没有铁路的年代，在旅行只能坐在邮递马车上，且往往是卫兵跟随的公共马车上落得满身沙尘的年代，抑或是不得不委身于驴背前行于树影寂寥的山路的年代，西班牙之旅对那时的人而言，不仅意味着巨大的努力与疲劳，同时也是一次愉快的冒险。此外，伊比利亚这座半岛偏离了古典时代文化遗迹巡礼的大道。然而在这座半岛上，如此临近的距离，仅比利牛斯山一山之隔，竟有两种如此迥异的生活、如此别样的文化毗邻而居，实属难得。它位于欧洲的最西端，却已然不属于西欧范畴。在风土环境方面，连同南法的一部分，已属于亚热带气候，几与非洲同；在文物方面，则几属阿拉伯风格。而在西欧人看来，它甚至就是东方的。

因此，若是自西欧或北欧而来的人翻开《精选指南》时听到方才那阵哼唱，恐怕只会感慨比利牛斯山南北差异之大，而并不会感到意外吧。本以为这曲调会令西欧人感受到异国风情，却不料他们早已耳濡目染，这引起了我感觉上的混乱。要说难以置信，最令人难以置信的，是我竟一时忘记了西欧人看来极具异国风情，但对日本人而言不一定同理这一显而易见的真理，暴露出连自己都觉得可笑的疏忽大意。这提醒我们，自记事起，我们就坚信，也被教导要坚信西班牙是欧洲的一部分，是基督教世界的一部分，是西方的一部分。为质疑这种既定观念，我们有必要直接将这份"视听教材"摆到眼前。这么说虽有些老生常谈，但百闻不如一见就是这个道理。虽然我们一直在脑海中描绘着西班牙的地方特色，但那些线索不过都是从西欧人手里借来的罢了。

不过转念一想，虽已是百余年前，那一代人就这样爱上了西班牙原原本本的模样，也的确令人刮目相看。那样的旅行，在那个时代蔚然成风，这对埋头于古典主义原理的几代人而言根本无法想象。这表明那一整代人都已接受了浪漫主义的洗礼。法国文化的继承者们一度公认，极具普遍性的则是本国的，因是本国的而是世界的。浪漫主义拓宽了他们的视野，产生了划时代的意义。古典主义追求一般性、普遍性和典型性，而浪漫主义者不同，他们追求梦幻。于是，他们怀着追寻异国稀奇的心情，痴迷于探求地方特色。如此一来，早已不再是世界政治权威的西班牙被重新发现，在全新的光芒中一别往日之姿。浪漫主义君临天下，想象力从一切束缚和陈规中解放出来，誓要发掘出近在眼前且举世无双的憧憬对象。西班牙就这样不容分说地被推上了浪漫主义圣地之位。

然而，倘若止步于因异国之稀奇而追寻地方特色，或只为寻求些产生悠闲幻想的灵感，那么我们能从浪漫主义作家那里继承的，不过是些临时印象的记录或主观自我的泛滥。

"你可别太得意了，胡安。堂娜索尔说她想近距离看看斗牛士。……也就是地方特色。仅此而已。"（《血与砂》）

然而，浪漫主义似乎并未挖掘到地方特色的本质，也并未将探求地方特色升华为探求世界复杂多样的构造中蕴藏的规律。被视为十九世纪伟大发现的历史意识的确立，正是对这一规律在时间上的扩充，在这一意义上，它恐怕并非来源于浪漫主义这一普遍的母胎。

毋庸赘言，这自然显示出浪漫主义自身的分裂，显示出浪漫主义特有的矛盾。将西班牙的视作西班牙的，也即将异国的视作异国的来评价和观赏，这与暂借西班牙形象讲述自身，把玩自己放荡不羁的想象力不同。欲将一切事物、一切事件框定在与时间和空间密不可分的必然架构中的态度，与耽溺于所谓浪漫的、无拘无束的伤感中的态度，抑或在诗歌《西班牙》（1845年）中吟咏"想象力，你必须相信的骗子"，在虚伪的想象力中放任自流的雨果般的心境有着本质的差异。不过，后者虽是最浅近意义上的浪漫主义，但前者，也即严正地、客观地追寻对象的特性、追寻地方特色的原则，也并非原本就潜藏于浪漫主义的特性之中。

至于普罗斯佩·梅里美这位客观的自然主义者，我们无须多言。对稀奇事物和具有异国情调的事物倍加好奇的他，也是一位天生严谨的科学家。特奥菲尔·戈蒂埃则似乎还是过于信奉主观印象。不过布吕内蒂埃之权威告诉我们以下事实。戈蒂埃在1830年的确是位浪漫主义者，然而，他并未一直保持浪漫主义者的身份，甚至仅通过变革描写手法就凭一己之力从浪漫主义中提取出一直存在却至今尚未被意识到的自然主义成分。这位戈蒂埃曾化身为游历各国的历史学家乃至画家，他消弭了自我，而主张将自然、历史遗迹或土地原本的形象留于脑海。（布吕内蒂埃的 Manuel 第 475 页）。戈蒂埃在这方面获得了多大成功，目前他关于格拉纳达的阿尔罕布拉、科尔多瓦的清真寺（伊斯兰教礼拜堂）有何言论，或者是否已言无不尽，这都不是我们关心的问题。重要的是，他通过这段自我消弭的历程，为浪漫主义指出了一条新的道路，因反抗古典主义而兴起的浪漫主义，绝不能停留于个人主义妨碍他人的自我陶醉。抑或说，这在某种意义上为浪漫主义下了最后通牒。不过，我们毫无理由为其感到惋惜。

我之所以借自己的西班牙旅行追忆百年前优秀的旅行家，是因为在浪漫主义辩证的发展过程中，西班牙风物作为现成的"视听教材"必然做出了重大贡献。人们踏上旅程是为焕然一新重整旗鼓，不难想象，西班牙曾以其独特而强烈的个性相迎，以浓烈的地方特色迫临，不容许他们止步于任性的想象和不负责任的伤感。在这一意义上，可以说西班牙能够给予那些有意到访之人最好的回报。

浪漫主义青睐一切时间与空间上的地方特色，并基于不同时代、不同地域或风土的独特性来解读地方特色，从这一本质出发，一切社会、一切地域的价值都没有高低之分。如若西班牙可以成为浪漫主义的圣地，那么其他一切国土也同样可以成为圣地。然而，若是非要将这一荣誉加诸西班牙，那必然是因为西班牙这片国土在文艺上，甚至在我们思想的整体构造中，对确立地方特色应有之地位起到了无可比拟的作用。这虽非我独到的见解，但如若西班牙有幸承担起这份荣誉，那么，这个伊斯兰文化与西欧文化的混血儿、欧洲与非洲的居间人便也可以瞑目了。

到此，我也该结束这段本非我专业领域的文学史之旅而回归我自己的西班牙之旅了。

方才那阵歌声令我这位"远东君子国"而来的旅人迷惑不已，在亲眼确认它的主人是附近村庄的居民后不久，我便下了车。不过，之后我四处闲逛时，也曾多次在街头、车窗或从不变换的座位上听到与此相似的歌声。在此暂且一记，以防遗忘。眼下车窗外的风景自纳博讷、佩皮尼昂以来无甚变化，依旧是延绵流转的山色与遍布坡面的葡萄田。少顷，一片平原在眼前铺开，有麦田，四处散布着嫩绿的树丛，山丘上布满松林。人家房屋白墙红瓦，屋檐坡度自是低平，窗户少而窄。

一路无事，眼看来到一座大型城镇，竟就是巴塞罗那。此时正是十二点半。

【补记】

本文是战前于岩波书店月刊《图书》1941 年 8 月号上以《西班牙之旅寄语》为题发表的旧稿重刊，是本书所收的各篇文章中最早且自知文风青涩的一篇。我由西西里、北非之旅暂回马赛，在访问尼姆、艾格·莫尔特、卡尔卡松、图卢兹、有史前绘画的尼奥洞窟和卢尔德之后，于 1934 年 4 月取道西班牙，抵达巴塞罗那那天，正值西班牙先进地区加泰罗尼亚宣布共和制三周年纪念日。这是一个特意将托莱多城大教堂的小巷改称为"卡洛斯·马克思路"的时代。文中提到的"前不久的内战"，借年表来说，就是指总选举结束，人民战线派内阁于两年后的1936年2月成立，佛朗哥将军于同年8月在村镇布尔戈斯成立国民政府，翌年1937年7月12日，他在德、意法西斯势力的支持下登上西班牙统治之位。我之所以在文中提及有关普拉多美术馆（马德里）杰作的记载，是因为想起一则报道称这些杰作曾为躲避战火而被运至瑞士，并在日内瓦展出。

旧稿《西班牙之旅寄语》是怀着从当时的百无聊赖郁郁寡欢中抽离的心情，在编辑部黄先生的邀约下动笔的，结果只写了一次便中断至今。本文与其他诸篇文风有异，还望读者见谅。美、英、加三国纷纷宣告冻结国内日本资产一事，就发生于本文完稿不久的七月。

第三部

世界史与游牧民族
——以成吉思汗霸业为中心的人文地理学考察

一、"时间"是最高的审判官吗？

"时间是最高的审判官。"这与"历史告诉我们""俟知己于后世"之类的老生常谈一样，因使用的目的或谈论的事件性质不同，其实际意义也可以做出形形色色具有细微差异的解释。诸如此类的权宜之说，无须多费口舌再三声明。然而，虽说如此，当我们回顾东西方历史，这一名为"时间"的事物的确已经过去了足足数百年数千年。既然时间是世人所谓的审判官，那么想必它已经完全具备条件，对那些活跃于往昔的民族、历史剧变中的核心人物，或是历史事件的世界史意义做出最高的，也即足够公平、客观、公正的审判，然而，我们看到的却并非如此。莫说并非如此，事实上，那些与其称之为偏颇，毋宁说充满极端恶意的审判都屡见不鲜。我们可以勉强将作为事实的历史看作某种垂训，但被书写的历史却是在给我们灌输完全不同的教条，甚至可以说是在有意提防后世知己的出现。本章将要探讨的成吉思汗时代的蒙古，依我所见，就是最典型的一例。

"旷世"英雄成吉思汗之名，因大蒙古帝国的成立而永垂不朽。最广为流传的教条式说法，是将大蒙古帝国的成立视作横跨亚欧大陆的蒙古霸业，基本倾向于将其理解为建立在蛮族残忍杀戮行为之上的。或者换个较稳妥的说法，是靠单纯的武力建造起来的罕见的历史纪念碑。而值得我们高度警惕的是，"旷世"这一既定说法本身就表明，人们往往倾向于仅凭成吉思汗个人的性格或他作为武将的才能，来说明使当时世界地理为之一变的大事件的始末。当然，蒙古族是游牧民族，成吉思汗必然是作为游牧民族的统帅成就其霸业的，许多人意识到了这一点的重要性。但众所周知，即便是在这些人当中，将游牧民族简单地视作充满掠夺欲的好战"蛮族"的看法依然占据主流。

不仅如此，将蒙古或阿拉伯等游牧民族视作"沙漠之子"的说法也作为一般语例，基本未经推敲就确定了下来。这个词自然来源于对欧洲诸国通行语例的挪用。因此,我想"désert（沙漠）之子"这一原型才是问题的根本。请容许我此处吹毛求疵地批评，"désert（沙漠）"住民这一既定说法，本身就犯了一个自相矛盾的严重错误。想来，只有找不到居住者或栖息者，也即被déserter（沙漠）化的土地空间，才值得从一开始就被称作"désert（沙漠）"。对于游牧民族逐水草而居、以畜牧为生之地，我们自古以来就有 prairie、steppe（草原）等并不新奇的称法，将其与沙漠这类无法培育植物、极端干燥的地区区分开来。将 Caravan（商队）形容为"沙漠之舟"，无论是从文学性上还是从科学性上都能准确地传达出其特色，但将游牧民族称作"沙漠之子"的习惯却与之不同，除去不用追究学术责任的诗或歌以外，我们还是敬而远之为好，以防陷入无用的联想或错误的推断。

尽管不具备适宜农耕生活的条件，但北美草原、亚欧大陆草原的住民仍然享有逐水草而居、以畜牧为生的非定居生活中最大的富足，可与农耕民族一比。他们却被视作低文化程度的、未开化的野蛮之人，这样的观念依然极不严谨地四处流传。可以断言，从欧洲各民族的历史体验中衍生出的看法以及经济史家的俗套，极大地影响了此观念的产生。欧洲各民族生活于气温与湿度都恰到好处、自古以来就富有丰饶森林和牧草的地理环境之中，率先由初期的游牧生活方式过渡到定居的农耕或农牧的生活方式，最终演化为今天的工业生活方式。经济史家将这种生活文化的发展顺序视为理所当然，而认为非定居的、畜牧的生活方式比定居的、农耕的生活方式劣等，属于一个阶级尚未开化的阶段。

另外，我们总是倾向于以当下习以为常的近代文化的尺度，来衡量一个距今已几百年的历史事件。特别是与游牧民族相关时，他们后裔的身影几乎已被当今世界史动向遗忘，当他们在世界史舞台上以主角之姿舞出民族高昂期时，他们的后裔从中汲取了怎样的文化？尤其是在与当时雌伏于他们面前的农耕民族的比较中又呈现何种姿态？我们总是无法虚心地考察这些问题。当然即便如此，我们又的确可以在《俄罗斯年代记》中看到，"鞑靼"统治下的斯拉夫王公穿着的鞑靼风军装及马具之精美，受到只知欧洲传统军事装备的邻国诸侯的赞叹。作为异族统治方针，蒙古征服者并未强行干涉被征服者的宗教、风俗和习惯，被征服者常怀着感激之心讲述其宽大。这一事实甚至让我感觉，这是当今屈指可数的文化民族也难以企及的政治智慧。

如上所述，将成吉思汗一派领导的蒙古视作"蛮族"的观念，是由在学界起广泛支配作用的成见引发的，而并非某些特定作者的过失，因而此处暂不点名道姓。某学者为配合其翻译工作尝试进行俄罗斯古代史解说，他在论文中提出，"蒙古只是一味地掠夺和侵犯。蒙古政权得以长久就在于其暴力，就在于对时常反抗蒙古（鞑靼）掣肘的被征服民族的狂暴的镇压"。这样不容置疑的论断，与该学者在其出色的翻译中处处流露出的极真诚、严谨、忠实的人品形成鲜明对照。蒙古政权"得以长久"这一事实本身，就反而促使我们相信这并非只是"暴力"和"狂暴的镇压"的产物。此外，当时的俄罗斯"时常反抗蒙古（鞑靼）掣肘"这一介绍，也将史实和殖民地社会学的一般规律看得过于简单了。

作为征服者的蒙古政权给俄罗斯诸侯分派了税务代理人之职，不仅开创了巧妙的间接统治政策的先例，也使得俄罗斯诸侯无心反抗鞑靼势力而醉心于同族间的势力斗争，继而沿此方向争夺外来侵略者的恩宠。这一点已是后世历史学家公认的事实。后来统一俄罗斯并实现其独立的莫斯科沙皇的成功，就来源于他们利用鞑靼税务代理人的地位大肆进行中间剥削，中饱私囊，而这一结构终又导致斯拉夫民众倍感鞑靼重压，于是他们将由此引发的高涨的民族解放运动与自己统一俄罗斯的计划相结合，从而取得成功。在此情形之下，那些欲与莫斯科大公国争夺鞑靼（金帐汗国）统治者青睐并取而代之的其他诸侯的阴谋，则将莫斯科大公和斯拉夫民众的反抗运动逼上同一战线，导致前者成为后者的代表，成为民族团结的象征，至此大局已定。然而，在形成这一大局之前的很长一段时间里，斯拉夫的统治阶层非但没有代表人民的利益与外来势力抗争，反而作为外来掌权者的代理人做着对付人民的勾当；他们非但没有指导人民反抗鞑靼，反而扮演着破坏统一、向鞑靼出卖俄罗斯人民的反动角色。很不幸，这就是历史告诉我们的真相。

因此，至少对于这个事件——殖民地时代的王公面对蒙古政权呈现出的"买办"性而言，"时间"被幸运地证实为出色的审判官。当然，这并不只是因为"时间"过去得足够久。出现这种情况，倒不如说是由于斯拉夫的民族抗争已然取得成功，那些对鞑靼的控制以及作为承包人的同族诸侯的阴谋的毫不容情的批判，开始通行于后世历史学家之中，而且遵循这一逻辑的批判还备受鼓舞。我想这样解释似乎更为合理。

"时间是最高的审判官""俟知己于后世"这类句子使人联想到的"时间"，本就是极具人为色彩的。在这一意义上，即便年数已过去数百年，游牧民族不得拥有自主历史的状态，自大蒙古帝国瓦解以来没有发生丝毫变化，只是在进入近代以后，终于彻底地成为一个难以撼动的现实。换言之，不论历经的年数多么庞大，"时间"对游牧民族的审判态度始终未变。然而，这并不能成为本该站在做出客观合理判断的审判者立场之上的学问，无休止地向主观审判妥协的借口，恰恰相反，学问最要紧的，乃是不忘时时自省，以求不错失任何自我启蒙、自我修正之机会。此所谓学问之正解也。

二、视蒙古为蛮族之论调

向外来掌权者屈服，甚至与之狼狈为奸的统治阶层，为了外来掌权者，更为了自保,而采取各种违背人民利益的行动。诸如此类的问题或许和文化水准无关，也不是我们眼下的论题。将蒙古的称霸简单地归为未开化"蛮族"的残酷武力和恐怖政策的成功，这一教条式的说法之所以长期存在，还有一个原因，恐怕也是最有力的原因，即这一基本说法根源于定居的农耕民族或商业都市市民对游牧民族掠夺行为的憎恶与恐惧。不仅如此，拥护这一说法，其实是被害者后裔为了满足其回忆加害者时所抱有的虚张声势的报复心，是一种极不负责任的笔诛，极易被滥用。

作为"欧文蒙古史中最可靠之经典"（田中萃一郎译著《蒙古史》序言）通行至今的"多桑男爵著作"，在宣扬这一说法上也堪称"最可靠之经典"。他以"蛮族"派神父那极具权威的语气讲述道，蒙古人的侵略使亚洲的局面为之一变：多少大帝国倾塌,多少旧王朝覆灭,多少国民或踪迹全无或消亡殆尽,蒙古铁蹄所到之处,唯见废墟与枯骨;残忍之至,胜过最野蛮的人类,在殖民地,他们不论男女老幼冷漠屠戮,纵火遍野使城市乡村化为焦土,蹂躏作物使肥沃乐土化为沙漠。然而,这样的说法并不是在憎恶之感与复仇之情的驱动下产生的,他甚至都不清楚那些灭绝了的国民的名称。"若是各国历史在这一点上没有达成共识,想必世人都会相信是历史记载夸大了蒙古人的残暴。"这著名的论调与其说是承接上文,不如说是贯穿全书。"蒙古人的历史就是其暴行的记录,因而无非是些可怕而讨厌的事实",可以说,多桑就是以此为基调,完成了他献给蒙古的"憎恶组曲"全乐章。

  然而,与此同时,多桑无愧为一名忠于史料的历史学家,他意识到有必要做出如下补充。这一点虽值得注意,但出于此念,多桑——事实上只是一厢情愿地——为提高自己主张的权威性而孜孜不倦。他说,"进行此研究(蒙古史——即多桑所谓暴行的记录)时,可供参照的史料绝不在少数。各被侵略国的史书,即便难免疏漏,也足够拾遗补缺。"[①]多桑在此谈论的就是战争的胜负,因而他随手便可为我们

[①] 参见多桑《蒙古史》(田中萃一郎译补,岩波文库)上卷,第12、13页。

举出无数例证。可即便是成吉思汗时代蒙古"暴行的记录",其历史记载也应由达成共识的"各国"共同书写,原告／受害人,尤其是作为战场失败者的原告,其单方面的证词怎能为被告／加害人的沉默"拾遗补缺"?多桑的赘言,真可谓不打自招。

然而情况就是如此。即便《马可·波罗游记》中有如下记载,成吉思汗之所以被推上王位,是因为他是"众人公认的廉正之士,是有伟大智慧、威风凛凛的雄辩之主,其勇武无人能敌,即位之后始终坚守正义,把握分寸进行统治,与其说人民视其为君主,毋宁说奉其为神明而敬爱之","由于他极重正义、德行出众的品格,所到之处民众争相臣服,承蒙其保护与眷顾幸福度日"[1]。这不失为一个"没有达成共识"的史料。然而,它不仅没有成为反省和再推敲的契机,反而沦为对作者马可·波罗的质疑,甚至反感。

另外,我们通过对欧洲人书写的历史教科书进行改编,从而学习西方史或西方人惯例下的世界史,对于十字军东征,耳闻目睹的尽是些体面话。正因如此,在这一问题上本该是

---

[1] 按照学术论文的规定,本应参考亨利·玉尔译本,但我读的是父亲书架上摆的梅斯菲尔德版《马可·波罗游记》(J. M. Dent and Sons, 1926),姑且引用之。参见该书第18页。

全然公平的第三者的我们，却在彼时的学问、艺术和所有的文化中，完全误解了伊斯兰世界、十字军母胎及中世纪欧洲孰为师孰为徒。不过，欧洲中世纪的"黑暗"可不只是针对人文主义或文艺复兴之辈，伊斯兰文化作为他们打破中世纪黑暗之机缘，其启蒙性作用却被近代欧洲抛诸脑后，这严重的健忘症真值得此刻大书特书。谈及蒙古史，言必称多桑。这些人及其同党，将如此这般的学界情形，不如说是惯性奉为圭臬，一方面对成吉思汗的远征大放厥词，恶语相向——就连格瑞纳德（Grenard）之流都醉心于书写"沿路白骨堆积成山""狗都不再吼叫"等绝妙文章。另一方面，他们那以十字军形象亮相的中世纪祖先，是如何"将信仰和野蛮的掠夺、荒淫、烂醉的豁免混为一谈"，又是如何将那像极了黑暗时代天选之子的举措翻来覆去[①]。论及这些时，他们竟又以"沉默是金"取而代之。其装疯卖傻也真值得大书特书。

成吉思汗以疾风之势席卷广袤土地，建立起前所未有的陆上大帝国蒙古，而欧洲的十字军重复着跨越两个世纪屈指可数的远征计划，却始终未能达成预期目标而潦草收场。不

[①]参见阿米尔·阿里《撒拉逊人简史》(1921)，塚本五郎、武井武夫合译《回教史》（1942年）第二十章《阿拔斯王朝（续）》部分 第281页以后。

过，将二者进行对比，评判谁更加未开化、更加野蛮，并不是我们目前要讨论的问题。想来问题的本质也不在于此。在昔日狭隘的社会关系中，人们的视野受到局限，一旦离开同族、同乡或同宗教信仰的关系，就失去了同类意识，而以自己的人脉为中心，形成极为封闭的、排他的世界观。而出于这种基本的生活情感，对于不属于各自社会集团的他者，要么毫不关心，要么将其视作对自己有害的存在而产生敌意。当人们只知道这两种态度时，人情与正义只通用于特定社会集团内部，其中甚至也出现了一些运用人情正义时非必要的道德准则。于是，异民族、异教徒、无关联者间的往来，则完全听任非人情、非道德的单纯力量的支配。

出于对极富"人对人是狼"色彩的近代个人主义式社会关系的反拨——不过，为了近代社会的名誉，我想在此补充一二。不管怎样，我们已然设想出一种覆盖全人类的自然法则式的和谐，作为个人主义成立的条件——也出于对"去日是好日"的牧歌式的憧憬，人们往往容易美化共同体式的存在，也即那种同族、同乡同心同德聚合起来的往昔的社会生活。因此，想要在这种基础社会集团内部的人际关系中找到人类的乐土，找到标语"全员和睦"中的风景，也不是全无理由的。不过这种情况下，人们往往容易忽视，这样单位式、细胞式的社会集团，一旦同心同德牢固地凝聚在一起，则会形成极抗拒、极封闭的对外特征。或者更确切地说，这种单位式的共同社会的集合，比起原本血缘、地缘的纽带，更多是由排他的封闭性以及对未知、陌生事物的敌意支撑和壮大起来的。异民族、异教徒间的相互关系，除了交往双方社会集团构造是单细胞式还是复合式的差异外，原理相同。尤其是在征服或侵略战争中，这种集团的排他性和敌意被无限制地发挥，又被有意识地、有计划地强调甚至夸大。换言之，即便是战争行为，也有国际法的严格制约，而这种情况却与之存在原理上的差异，只要与外邦人、异教徒相关，人们就可以完全心安理得地屠戮非作战人员。真可谓化外之民，野蛮至极。历史学家米肖（J.F.Michaud）也对十字军的行迹做了极具特色的记录："这支穷凶极恶的大军依旧一路烧杀抢掠向南疾行。……他们把砍死人的头颅当作体育运动，大肆进行……将死尸从坟中挖出，在悲痛欲绝的市民面前，将一千五百具尸体枭首示众"，等等。

不过，正如米肖对十字军将士的问责所言，他们"将信仰和对野蛮的掠夺、荒淫、烂醉的豁免混为一谈"，是因为他们这些宗教狂热分子没有将异教徒看作自己的同类或关联者，而只将其看作自己道义之外的存在,才与之发生斗争①,此种"暴行的记录"不足以证明中世纪欧洲所有的基督教徒都是"蛮族"。如果这一逻辑成立,那么单将成吉思汗麾下的蒙古排除在这一逻辑之外,则毫无道理可言。而如果"时间"必须做出审判,最先应该审判的就是这种学术上的偏颇与不公。

那么综上所述,我们可以看到,将蒙古霸业视作暴力恐怖成果的论调,不过是给蒙古扣上了一个未开化蛮族的污名,在学术上产生了一堆无用的废话,而对局势分析起不到任何作用。另外,我还想补充一点,这种歇斯底里的论调,使人们只靠武力与恐怖压制政策就可以建立并维持一个大帝国的妄想一度横行于世,导致那些渴望从历史中吸取些许教训的好心人陷入简单粗暴的一家之言,而它还极易成为害己、误国的导火索,到那时候,就不只是无用,而是相当有害了。

当然,我并不是为了向多桑问罪才执笔的。他出生于君士坦丁堡的那一年是1780年,《蒙古史》第一次出版是在1824年。且不论多桑能够写出这部古典文献的稀世博学与努

---

① 西方学者世界中甚至仍残存着一些侥幸之人,他们依然带着这样的感情色彩使用"异教徒"(heretics)一词,偏执地认为只要不是基督教徒,对其做出多么惨无人道的事情都无所谓,自以为多少了解异民族的特性,也即战后流行的说法"行为模式"(behavior pattern)。伦敦大学俄语教授,《俄国史》(A History of Russia 1926))作者伯纳德·佩尔斯(B. Pares)就是其中一例。

力，但他那只能将成吉思汗与拔都征战下的蒙古视作残忍杀戮者的先入之见，极有可能导致他对于这一大事件发生的舞台的人文地理和社会经济史一知半解。在他能够运用的珍贵资料之中，那些本该与蒙古游牧民族特质相联系进行理解之处，却未得到相应的解释，实为可惜。不过，考虑到多桑著作成书的年代，如今再对其挑剔苛责本就不合情理。然而，我之所以认为有反对甚至充分批评的必要，是因为在一个多世纪的岁月已然过去的今天，信奉多桑式看法的作者依然屡见不鲜。如若这只是笔者一人的过虑，那再好不过。可万一这多少已成事实，那么越是想到这一世纪内诸般学问的突飞猛进，则越让人感叹，这简直是一个故步自封的奇观。

三、沙漠的交通地理意义

上文我们姑且提出了对称蒙古或阿拉伯为"沙漠之子"的再议,但沙漠这一概念在人文地理学上的含义,也总是遭到忽视,以至于暧昧不清。为东方学者熟知的法国学者格瑞纳德注意到,当人们谈论蒙古时,总是习惯于将他们想象成沙漠之子。他还指出,戈壁对他们而言只不过是前进的宿营地。① 不过,这种关系的定位还不够充分。最恰当的比喻,应该是将沙漠比作海洋。海洋,从人口居住的角度来看,是广阔的空白区域,与必须一块一块占领的陆上国土不同,它是一条联通路线,船舶或舰队所有者可以一举横渡到对岸。那么,要利用这种交通地理条件,占据得天独厚地位的,自然是习惯于干旱草原生活的游牧民族,以及他们的一个分支——将横跨干旱地带的特殊技能集中运用于商业活动的商队商人。

---

① F·格瑞纳德:《高亚洲》(环球地理,第八卷,1929),参见第256页。

从沙漠之海启航,如果说后者集结的车队是"沙漠之舟"队,那么前者就是为进行掠夺等军事行动集结起来的机动部队,完全可以将其比作军舰或舰队。比喻的滥用自然需要警惕,不过遭遇游牧民袭击的绿洲的命运,的确形同被舰队包围的孤岛。商队商人欲与游牧民达成妥协,抑或说为了进一步维护横跨干旱地带的商路的治安,他们更期待一个强大的统一势力的出现,而非游牧民各部族的割据与斗争,这与海上商业的发展与制海权的关系不无相通之处。

成吉思汗麾下的蒙军在如此短暂的时日内,于大陆之上征服了前所未有的广阔领域。这诚然是在陆地上发生的事件,但若无视与海洋如此相像的沙漠地带的特殊交通地理条件,也难以对其进行说明。他们建立并维持起来的大帝国,其空间上的广阔不应与罗马帝国或中国进行比较,而应与迦太基或后来的大英帝国等海洋国家进行比较。集结于成吉思汗势力之下的游牧民大军,之所以能在中亚天地之下"如入无人之境",实则是因为相当一部分地区就是无人区、沙漠或草原。在此我并非要贬低蒙古征服领域之宽广,而是认为我们没有理由忽视这一原因。

因此,对于生活在湿度宜人地区的农耕民族而言,他们一味抗拒和敌对的中亚大干旱地带,成了游牧民族活用其源自生活方式的特殊移动能力的独占空间。为了建立大帝国，他们将这种能力的价值发挥到极致，于是，世界最大的干旱、不毛之地，就这样撼动了居住在亚欧大陆上的全人类的命运，成为这不寻常的大事件的舞台。

如果说，要考察以中亚广阔天地为舞台展开的游牧民族的活动，首先需要考虑如上所述的人文地理条件，那么与之相对应的重要历史条件是什么呢？他们之所以能够展现出如此显赫的权威，是因为在世界各民族的交往及交往趋势上具有基本意义的生活方式或社会结构的对立问题，尚处于以农耕民族和游牧民族间的较量为代表的阶段。在东南亚各地区的殖民化进程中我们可以看出前资本主义与资本主义的对立，后者相对于前者展现出绝对的优势，各民族的交往开始出现问题，不过这都是相当后来的事了。由工业革命成果支撑的近代资本主义国家的出现，使世界史的面貌为之一变，由此，必须从世界史第一线引退的，就不只有以精悍著称的游牧民族，农耕民族以及所有资本主义以前、工业革命以前的势力都面临着同样的命运。

我们在这样的前提下展开讨论也说明，以"旷世"英雄成吉思汗作为军事统帅的个人才能，来解释成吉思汗时代的蒙古所成就的惊人事业的看法，同我们的学术兴趣不同，甚

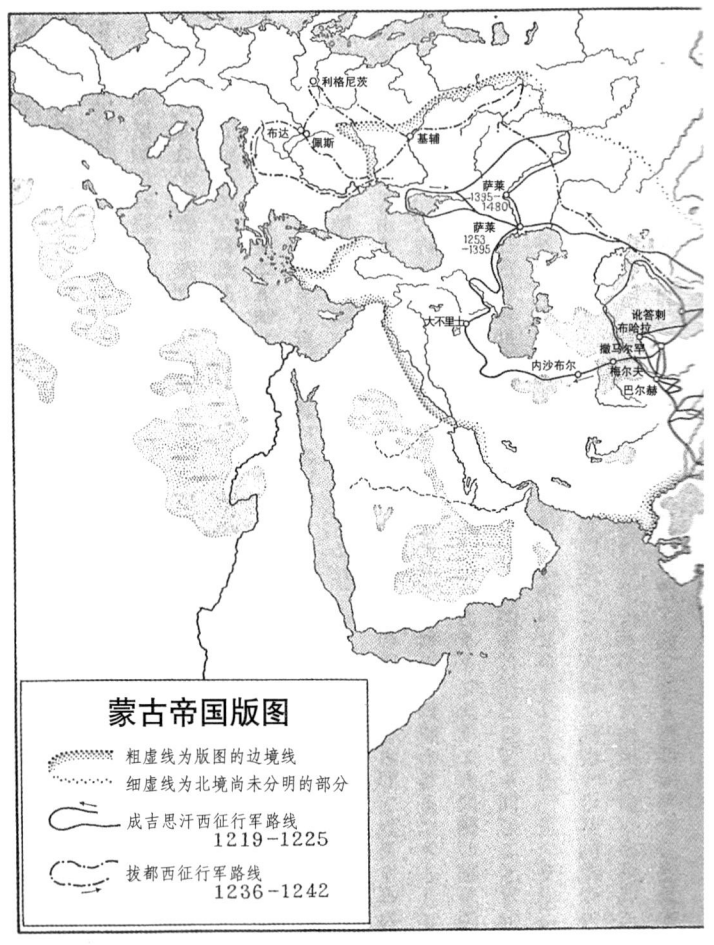

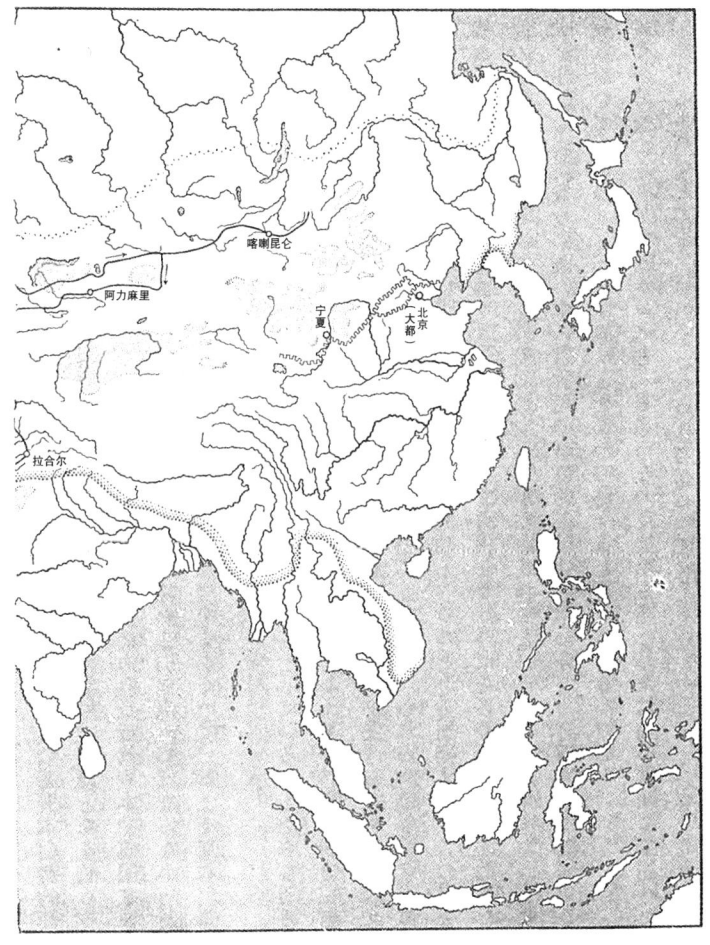

或历史观也不同。我们将蒙古的成功，首先看作游牧民族面对农耕社会的军事上的成功，这样一来，即便没有理由故意贬低成吉思汗个人才能所发挥的作用，也使其失去了左右整个事件动向的意义，而成为游牧民族面对定居的农耕社会得以充分发挥出其军事优越性的契机。我想如此解释足矣。

我一贯认为，并在以俄罗斯和"东方"的交涉为主题的论述的开篇中提到，对于不同的生活方式（如，我们目前直面的问题，游牧的生活方式与定居的农耕或农牧的生活方式）或具有不同经济史特性的文化（在这种对立中具有根本重要性的，就是前文提及的资本主义与前资本主义的对立）间的交往、交涉方式及其趋势而言，与其说其中存在某种法则，这种交往趋势是由当事者间偶然的政策或战略的优劣决定的，不如说是由还原到内在于各民族、社会集团的生活方式或物质文化的发展阶段的本质因素，从原则上决定的。事实上，这一点也是我们在蒙古称霸问题上的学术兴趣所系。这些相关情况的分析使我们明白，不论是作为人类居住的场所还是在资源层面都只具有否定、消极意义的中亚干旱地带，因何能够成为世界史上重大事件的发源地，而自那以后至少到目前为止，又因何没有机会再度作为世界史主要舞台受到人们的回顾。

俄罗斯东方史学家雅库博夫斯基谈及俄罗斯年代记中金帐汗国来袭事件时论述道，在封建时期，农耕地区和游牧草原间的关系不论在何处都以同样的形式呈现，俄罗斯各诸侯国也无法脱离这一法则。不过断言为"封建时期"，则多少会有些定义上的纠葛，此处暂且将其理解为近代中央集权国家形成以前的时期。在各地域社会原则上依靠本土生活资源形成自给自足体制的时代，在掠夺性交往中占据主导地位的，往往都是处于极限生存条件之中，过着不足为羡的生活的游牧民。生产力富足的农业国发起的军事行动，原则上都是为了维护商路或铲除边境动乱，无外乎秉承"进攻是最好的防御"之理念进行的远征军派遣，其本质动机还是防守。农耕民族被视作"平和的"，而游牧民族——与处于同一立场的日耳曼人（维京人）一样——被历史记录为"好战的"民族，其首要原因就在于此。然而特别的是，游牧民族作为好战的民族，却总是被历史描绘为拥有令人敬畏的卓越战斗力的民族，是征服者和帝国的开创者。这一问题作为本书的要点，将在下一章节单独讨论。

话虽如此，好战、勇敢也不能保证他们百战百胜。上文讲到，随着以工业为基础的近代资本主义国家的出现，游牧民族和农耕民族都不再是世界史的主体因素。对此，即便有些画蛇添足，我仍想补充一点，在后来资本主义生产关系支配的时代，当那些代表新兴生活原理的近代工业国家为了自己的利益，企图将那些依然停留在以农业及小规模手工业为基础的自给自足体制的地域社会殖民化时，那些坚决反抗这种掠夺关系的压迫，为了地域社会的自治性而勇敢抗争的各民族，同样具有"好战"民族的特质。然而众所周知，他们的反抗，最终不过是点缀了殖民地战争中被征服者悲壮的末路。鲜明的对比由此产生。不过，这一对比也原原本本地映现于从匈奴王或成吉思汗时代到近代游牧民族自身命运的变化之中。他们在黎亚扎诺夫斯基所说的"与一千年前别无二致"的传统生活方式上停滞不前，沦为一个怪异的故步自封的存在。这就是他们如今的面貌。他们的祖先适逢其时，终成一代征服者和帝国开创者，即便他们可以继续追寻那个时代的美梦，但在现实之中，他们的好战只能是作茧自缚。今昔之感，不胜唏嘘，可这就是他们如今的面貌。正如手工业者的勤劳没能将他们自己从近代机械工业的竞争中拯救一样，游牧民族那名副其实的勇敢也终究无法弥补他们在近代化中的落后。此外，同游牧民的掠夺相比，上述新兴掠夺关系的压迫有其独特性，与游牧民族和农耕民族的交往相反，在这种关系中占据主导地位的，反而是拥有先进生产力的一方。

人们对当今世界种种政治现象的发生过程以及游牧民族在当今世界所占的地位习以为常，因而很难理解此处的论述，也正是因此，"蛮族"恐怖暴力说才吸引了越来越多的信奉者。不过成吉思汗霸业所必需的最基本的地理及历史条件，恐怕的确可以总结为上文论及的两点。其一，亚洲内陆大干旱地带为发挥源自游牧生活的特有机动能力提供了得天独厚的交通领域——不过，即便是这一交通地理条件，其意义在近代交通工具，特别是飞机出现以前也一直发生着明显的变化。不仅如此，这片大干旱地带的交通地理价值之所以成为问题，也与人们来往于此地的必要性相关，从这里我们应该能够解读出蒙古帝国的兴亡与伊斯兰商队商业盛衰间的命运相连。其二，不同民族的碰撞、不同生活方式的对立问题，尚出现于以农业社会与游牧民族为代表的历史阶段，即工业革命与资本主义经济称霸世界、开辟人类历史新纪元之前的阶段。

众所周知，有一派的见解始终将游牧民族视作天性好战的民族，并将此归因于他们的民族性，还煞有介事地将其解释为严苛的水土环境对民族性格的影响，应付了事。这一见解终归只是停留在极不负责任的草率结论之上，不仅对局势分析毫无用处，反而起到了掩盖方法论空白的作用，可谓是学术研究发生意外停滞的祸根之所在，而这主要归咎于对上文所述基本前提条件的忽视。游牧民族因其所起的历史作用在世界史上留下重要的一笔，只有那些将此与他们所在的历史及社会环境割裂开来进行思考的侥幸之人，才会草率地将分析的头绪寄希望于民族性，寄希望于居住地的水土条件。话说回来，这种想法首先犯了将极具历史性的人文现象理解成非历史性现象的错误，不仅如此，他们看似以考虑地理环境为特色，实际上却将自然本身和作为人类生活环境的自然——其历史意义随着作为环境主体的我们的存在方式的变化而变化的自然——混为一谈，最终与真正意义上的人文地理学方法背道而驰。对此我们必须引以为戒。

四、游牧民族战斗力的构成

相对于从事农业或手工业的定居性民族而言,游牧民族的军事优越性可以分两种情况进行考察。一是短期战役或单场战役,二是长期循环战役。

在第一种情况中,首先应该提出的,就是游牧民族得以充分发挥的优秀的机动能力。凭借这一优势,即便农耕民族处于人口总数远超的优势地位,他们依旧能够在对方尚未形成统一战线之前就占据先机发动奇袭,将各个击破的好处化为己用。

在遭遇"鞑靼"入侵的俄罗斯的年代记中有如下记载,"拔都率大军,领众多亲兵来到基辅,包围城镇……无数货运马车的碾轧声、骆驼的吼叫声、马群的嘶鸣声掩盖了人声。整个罗斯遍地皆兵"。[①] 由此,人们往往容易产生入侵大军人数

---
① 参见除村吉太郎译《俄罗斯年代记》(1943),第569页。

庞大的印象,也往往容易站在失败者后裔的立场之上,想象敌军如乌云一般压将而来。然而,正如格瑞纳德所指出的,成吉思汗的远征军人数最多时也不过十万人,速不台攻到维也纳也不过动用了二万五千人。①

游牧民族处于一种以营帐为居所,携家财、带牧群随时移动的体制之下,他们是一群时刻保持战备状态的士兵,在严苛、贫寒的水土环境与野外生活中锤炼出无比强健的体魄,尤其适应不规律的生活,耐得住异常的紧张。"他们经得起一切艰难困苦,如有必要,只饮马乳,只食偶尔猎得之兽肉也能生活一个月。……男人们在马上骑个两天两夜不足为奇,趁马吃草之际还能在鞍上小憩。面对苦难不失刚毅,忍受贫乏泰然处之,在这方面,陆地上的民族无一能出其右。"这是马可·波罗为我们带来的实地报道。他还记录道,"他们的战马训练得当,运动变化极为敏捷……靠此行动之敏捷多有取胜"。

假如这方面的特色我们暂且保留,原封不动接受水土环境论者的说法,那么游牧民只要是游牧民,他们的生理属性就的确是非历史性的。在这一意义上,马可·波罗紧接上文

---

① 参见上述 F·格瑞纳德:《高亚洲》第 274 页。

指出,"前文所述,皆是鞑靼酋长们原本的生活风气,近来已甚为衰微了,居留契丹(Ukaka)者抛却其自身戒律,转而尊崇偶像教之积习。而居东部诸州(梅斯菲尔德注:相较契丹而言之东部,里海东部一带)者则习得萨拉森人之风习"[1],这真是一个恰到好处的提醒。如今的学界用语中,如我们常说的某某民族的特性、民族性,以蒙古人为例,是指蒙古人既为蒙古人则始终具有的稳固属性,还是单指蒙古人始终过着游牧生活则必然具备的历史属性——在这一点上,我们对华侨的认识与之如出一辙[2]——不得不说,一个十三世纪后半叶至十四世纪初的威尼斯旅人早已向我发出了提醒。

言归正传,要进行远征,首要问题就是军需补给。对此,多桑紧随马可·波罗之后,给出了明确的解释。"盖由骑兵组成"的蒙古军队,"各自率马数头,可从遍野牧草之中辨出饲料。队伍之后跟随众多家畜,携带少量肉乳,以备日夜行军之需。"

其次是军队组织问题。人们公认,他们献身于首领,军纪严明,具备了战士应该具备的最高素质,实则是游牧民的

---

[1] 参见梅斯菲尔德版,第128页、130页。
[2] 参见饭塚《东南亚农业社会中的华侨》《前期商业资本的特性与近代法律制度的反向利用》,《世界史中的东方社会》(1948年,每日选书,已绝版)第164—174页。

日常生活要求他们必须如此。成吉思汗常在他的格言中将狩猎与战争进行比较。共同狩猎,不仅同畜牧一起为游牧的蒙古人提供粮食来源,还是集体行动的战斗训练场。

以上任意一条,都是最大限度发挥军队机动能力及有组织的集体行动能力的绝佳条件。多桑对成吉思汗军队的特性作过如下总结,组成其军队的,是日常过着军人生活,携锅带灶,所到之处凡有家畜、战马生活的牧场就能获得粮食的游牧民族,因而在战斗之技术、行军之神速、成吉思汗所定军纪之严明等各方面,都是其他各民族军队无可比拟的。此外,格瑞纳德也曾评价道,成吉思汗高度组织化的军队于"罗马军团到腓特烈二世的普鲁士军队之间横空出世,是最完备、最精准的(战斗)机器"。

那么,按照多桑所说的"不幸的经验告诉我们",少量身着铁甲的骑兵与大量半身赤裸的农民组成的秩序涣散、服从精神不足、指令混乱(此种情形,竟敢将蒙古与彼时欧洲各民族的对比看作蛮族与文明社会的对立,要我说这简直证明其恰好相反)、未经战术训练(彼时小国林立,即便武力纷争不断,战略、战术及上文所提组织命令水平也全面低下)的西方诸国军队,面临他们所谓鞑靼的入侵,被迫苦战,几多无奈,可想而知。

人们反复强调，以进退自如的骑兵为基干、"身经百战，纪律严明"的部队是多么精锐，蒙军统帅在一般作战方针及战场进退上是多么奇策纵横，他们在单场战役乃至整体战局的把握，以及与此并举的外交谋略上又是多么强悍多么高妙。然而，即便这一说法多少适用于战争的最终胜利者，但也不必强行将其视作为成吉思汗或游牧蒙古而保留的特别规定。这只不过是换了一种方式重复讲述，他们是多么天定的征服者，多么具备征服者之资格。不过话说回来，这大抵是因为，在勇武过人、看透战局和外交谋略上表现得拙劣不堪的人成为最终胜利者的例子似乎从未有过。

接下来是关于他们在长期战役中的战斗能力及持久作战能力的分析。我们应从交战双方生活方式的差异出发进行说明，因而在此仍需提出相关的重要事项。

格瑞纳德长期以来都在分析威胁欧洲诸国的奥斯曼帝国之所以成功的内部条件，他说道："且不论其组织的原动力如何，即便土耳其人的军队也并非无敌，是吃过几次败仗的。但他们之所以难以抵挡，在于两个特质：其一，他们处于一种随时待命的状态，任何时间都供驱策，任何方向都可出动，如有必要，不论多长时间的行军，都整装待发。与之相反，欧洲每逢远征之际，必须展开新的招募召集士兵，这不仅需要大量经费,还将急速消耗他们的赤诚之心。其二,土耳其方即便失败也可以无数次地卷土重来,无须修整即刻反击。持续性,以及不同于虚荣的意气用事的顽强性,这是成吉思汗、帖木儿和巴布尔的主义,也是奥斯曼人的主义。军队就是国家,因此一切都以为军队服务为前提而事先建立。财政当然也是如此。然而在西方,军队是一种意味着额外负担的制度,是社会这一建筑物由外部、自上方背负的制度。"[1]

上文格瑞纳德所述,说是分析,其实不过是指出了相异之处。幸好,著名的拉铁摩尔(O.Lattimore)对此进行了更进一步的深刻分析。此处参考后藤氏的翻译,将其要领摘录如下。

从游牧民日常生活中孕育出的一般运动性,无须任何特别的牺牲就可以转化为军事运动性。城市居民或农夫无法为了躲避攻击而退居后方,但游牧民可以。游牧民对城市或农村的例行掠夺,于他们而言就是即时可用的财富资源。与此相反,对于配置并维持着必备军队的定居民而言,不远万里讨伐游牧民,即便成功,其掠夺而来的财富还不足以弥补开支。

以上看法相当合理,但还有一点更为重要。与游牧民进

---

[1] 参见 F. 格瑞纳德:《亚洲的兴衰》(1939),第121、122页。

行长期抗战，定居民遭受的损失，动辄就是农业荒废及国内广大地区的人口减退。如若农村人口严重贫困，无力纳税，那么对统治者而言他们将毫无意义。游牧民则不然。掠夺可以扩大其首领的势力，扩充其庞大的种族势力，进而使庞大种族势力的统一成为可能。当中国（汉土）与草原居民间发生长期抗战时，游牧民的优越性总能凸显出来。那个时代总是在各种游牧民的分散入侵中不断拉开帷幕，但并非每个种族都可以一概而论，历经数次入侵，他们已经进化为具备国民形态的统一的游牧民族，进入到极尽猖獗的阶段。①

拉铁摩尔将观察而来的各种现象的单纯记录转化为学术的、合理的分析说明，推开了一扇早该敞开的大门，值得我们深表敬意。我们甚至可以据此将这一时期称作蒙古研究的拉铁摩尔追随时代，然而，即便我们的确见证过这个时代，仍有一些不争的事实表明，将蒙古大帝国的建立简单粗暴地归为"蛮族残忍杀戮行为"的产物，甚至不屑于进一步分析研究的倾向，至今依然长盛不衰。堂堂学界，简直深陷泥淖，想要批判、纠正灌输其中的先入观念，反而暴露其保守和退步。此虽遗憾，但也不失其别样趣味。

---

① 参见后藤富男译《农业中国与游牧民族》第一篇《草原与历史》(The Geographical Factor in Mongol History, 1938) 第28、29页。

为加深读者印象，此处为上文拉铁摩尔的分析加上注解。在农业社会中，显然国土即战场，即便是对外征伐，战争也必然意味着消耗，而游牧社会与之相反，他们战斗能力的构成本身，可谓承担着生产意义。

此外，后来的事实也证明，他们与商队资本利益合作，成为后者的看家狗，寄生其上。这不仅表明，对农业社会而言，维持游牧民的军备纯粹意味着负担，但对商队资本而言，却可以转化为生产意义。这也表明两者之间的相互依存关系能够持久化。可以说，包括横跨中亚大陆大干旱地带的广阔领域在内的蒙古大帝国的建立，就是这种武力与商业活动的结合或曰结构化在政治地理上的表现。

五、他们是破坏性的吗？

游牧民族有其作为军队及军事国家的独特优势，因此面向当时分散的农业社会和商业都市，蒙古军队发挥出了猛烈的战斗力，使得他们成为必须反抗的征服者。这一事实与被害者、失败者一方的受压迫观念相互作用，如上文所述，在历史学家当中（不过此处指的是属于被害者阵营的各国的历史学家）营造出一种二话不说，便将远征军的一切行为归结于他们的野蛮和残忍从而进行分析的本能倾向。如此便可掩饰战败的真正原因，甚至使一些顾左右而言他的独断专行的言论肆虐，这恐怕就是导致这一倾向出现的最直接原因。然后顺其自然，将掠夺性行为和征服与由此产生的破坏，也即行使武力的本来目的与为此采用的手段强行混淆，并且丝毫没有意识到这种本末倒置。现今形势依然如此。

虽然略显冗长，但我还是想说，我们之所以如此，也是由于某一派偏见的根深蒂固——现下我等无名之辈的抗议，恐怕难以撼动硕彦名儒言论之权威,我且从中引用相对无可非议的一例。大名鼎鼎的符拉基米尔佐夫——自以为是在夸赞成吉思汗——言论如下,"纵观成吉思汗一生,他始终是一个自我克制、训练有素、卓越而实际的游牧民,他从未因单纯的算计而变成一个嗜血成性的杀戮者。他深知,定居而有文化的国民会给那些渴求破坏文明城乡的游牧君主带来利益。"[1] 在此我想为读者讲明的是,通过此番言论符拉基米尔佐夫究竟想告诉我们什么。

他首先抛出一个漂亮的论断,认为成吉思汗这类游牧君主本应该是"嗜血成性的杀戮者","渴求破坏文明城乡"。接着又解释说,事实上成吉思汗通过高度自我克制、洞察利害关系,成功逃离了成为杀戮者和破坏者的宿命。看似逻辑通顺,实则不过是先给成吉思汗套上一个莫须有的罪名,而后再为这些虚无作证,挖空心思,拐弯抹角罢了。

关于这一点,符拉基米尔佐夫在此书他处[2] 有如下言论,怪异更甚。"在中国战役中,成吉思汗那令人恐惧的残暴,那虐杀千万囚徒,屠尽全市、全州居民的令人恐惧的残暴遭到谴责。但细心而富有洞察力的历史学家坚信,这些关于成吉

---

[1]参见小林高四郎译《成吉思汗传》(1936年),第194、195页。
[2]同上,参见第128页。

思汗及游牧民族残暴的传说与史实毫无关系。所谓的残暴,与契丹人、女真人、汉人、麾下将帅、高官和许多士兵归顺并受其优待,献出犬马之劳的事实矛盾重重。"此外,"在成吉思汗的私生活中,我们尚不知晓哪些事实可以作为其特别残暴的证据"。换言之,于公于私,成吉思汗残暴之说都与史实相违背。那么剩下的问题就是,忠于史实的作者是从何处拾得蒙古"嗜血成性""渴求破坏"之类引发骚动、毁人名声的刻板印象呢?毫无疑问,当然是从不负责任的舆论和现成的传说中拾来的。先入之见总是妨碍我们虚心、直接地看待历史的本来面目。若是普通人也罢,连符拉基米尔佐夫这类硕彦名儒,都一直存在着这种先入之见特有的欺骗性,而潜伏于我们四周的正是这种欺骗性。

将游牧民好"掠夺"改换为好"破坏",必定也是落入了先入为主的圈套。在这种情况下,我们应该反思的是,习惯于艰苦生活条件的游牧民的生活,根本没有余地为了一些忘却原本目的的行动而白白耗费精力,如果他们的一切行动都未经最冷静、合理的谋算,经过严密的、实用主义的规划——例如,成吉思汗的《大札撒》[1]中就有关于水的严格规定,也

---

[1]《成吉思汗法典》。——译者注

有对共同狩猎时使猎物逃脱的猎手的处罚，必要时可处以死刑。而宗教性的规定与实用主义目的结合得最为紧密，因为采取宗教戒律的形式是强制人们遵守的最有效的方法——那么连生存本身都成问题的难道不是游牧民的生活吗？

在这一意义上，符拉基米尔佐夫所指出的，成吉思汗"不好浪漫传奇式的勇武，也无丝毫冒险侥幸心理"，倒是值得重视。为野心或悲愤所驱使而有勇无谋、明知不可为却孤注一掷强行较量，成吉思汗没有这种倾向。可以说，他最终取得战争胜利，成功建立大帝国的事实就是对此最好的证明。不仅如此，这种冷静的智慧，在征战结束后成吉思汗众人进行的异民族统治模式中也得到了完美的印证：本质性与非本质性事物界限清晰，对策缓急得当，颇有值得关注之处。

先入之见频频将严谨细致的研究者引入无用歧途的问题到此为止。接下来要探讨的问题是，蒙古军队实际上究竟造成了何种程度的破坏？因为我想，在这一问题上，人文地理学多少有些发言的余地和必要。

蒙古军的征战"犹如一场夺去巨额财富和几十万人命的台风"席卷了中亚天地。征战后的数十年间，城市乡村化为废墟，呈现一片火后惨状，新政权成立数年后才终于开始复兴。部分地区，如梅尔夫及其周边绿洲在整个蒙古王朝期间，始终未能恢复往昔的文化生活。我并非要说这是夸大其词，反倒以为是意料之中。这倒不是因为笔者引用的这些说法来自令人敬佩的雅库博夫斯基，而是因为如此全面的毁灭，只会发生在分布于中亚这类干旱地带的绿洲世界。

在游牧民入侵之前就已溃败的，自然不止绿洲上小规模的孤立社会集团。另一方面，像中国这种以广大冲积平原为根基的农耕民族，即便在人口绝对数量上与贫寒的草原居民相比占据无可比拟的优越地位，不论那些定居农民是分散在四处，还是依靠猛烈的集中攻击应对入侵者优秀的机动能力，只要草原游牧民集结于强大首领麾下大举掠夺，他们便无力阻止那些入侵军队。不过，他们遭到的打击与绿洲社会所承受的打击有着显著的差异，甚至连性质都不同。

在绿洲地带经营的集约型农业，依赖于利用宝贵地下水的精细灌溉系统。这种灌溉系统一旦遭到掠夺者的破坏，对于整个绿洲社会而言都将是致命的打击，所积财富的丢失，人员的减损，甚至更多。不过，当然要论农耕地区之广阔、人口数量之庞大，像中国这样立于稳定而坚韧的基础之上的国家是不可同日而语的。不止中国，西方的农业国俄罗斯亦是如此。格列科夫就曾指出，1223年蒙古军的远征，除了使俄罗斯及钦察的较小部分地区荒芜，使俄军败退，商业贸易联络暂时中断以外，并未造成其他惨痛结果。事实上，翻阅那本厚重的《俄罗斯年代记》也能发现，要想从在每年记事里占据诸多页面的诸侯内讧、武力斗争中找出鞑靼入侵的内容，可谓是大海捞针。

我们发现"蛮族"派的见解，其立论本身的出发点就缺乏学术推敲，我们也分析出是何原因导致如此。此外，绿洲社会遭受的打击十分彻底，但我们并不能据此便武断推断出广阔的农业国所遭受的打击如何。以上几点，望诸位知悉。在此，我还想补充一条注释。上文中的"渴求破坏"一词已然无可救药，但"嗜血"这一形容却有其学术含义，如若只是将其当作文学上的夸张不予深究，实在令人惋惜。这是一个关乎是否宽恕战争俘虏的问题，而其根本条件依然是游牧民与农耕民生活方式的差异。

以人文地理学者著称的拉采尔，同时也因其大作《民族学》而广为人知。在该作中，他将东非的马赛与邻近的瓦卡穆巴进行对比，做出如下解释。处于畜牧经济阶段的民族"既无需要奴隶来完成的劳动量，也无富余的粮食，因而会将俘虏杀掉"。与此相反，可以使俘虏从事农业耕作或其他劳动生产的——换言之，就是采取在干旱、贫瘠的草原所无法实现的生活方式的地区——则会留俘虏一条生路并加以利用。[①] 如此一来，两者的差异就不是一方残忍、一方仁慈，以道德准则来划分的性质上的差异，而纯粹只与俘虏作为生产资料的利用价值有关。

话说在这一点上，值得关注的是，蒙古军队的指挥者在战场之上也常不失冷静的判断力，从未看错过目标。要说他们有什么行为令我们悚然，倒不是因为他们真如世人所说，是嗜血成性、专事破坏、不加区别的杀戮者，反而因为他们是极其注重区别和选择的杀戮者。不是其他而正是多桑的《蒙古史》，反而到处展示出与此相关的例证。作者以其一流的严谨态度将一个又一个场面记录了下来。例如，撒马尔罕陷落之时，成吉思汗从残存的居民中挑选出三万手艺人，作为赏赐分配给皇子、王妃和将校。在花剌子模，成吉思汗下令城民悉数出城，而擅工艺者则另聚一处。奉此命令者得以保全性命被送回蒙古。此外，攻打梅尔夫之际，在将城民驱逐出城之前，他们将已登记姓氏的"技术工匠约四百人"传唤而出，使其充当年少的男女奴隶并保全其性命，等等。

总而言之，如果说先将游牧民假定为天性好战再将一切

[①] 参见 F. 拉采尔：《民俗1》（第二版，1894）第115页或《人类史1》（1896）第123页。

归因于此的做法，使我们忘记努力去说明他们因何就作为好战的民族留存于历史记忆之中，那么，对于将游牧民的行为与称其天性残忍的独断言论相结合妄下说明的做法，也当加以同样的批判。而当下，若说还有什么需要注意的，那便是如果问题因此被偷换，如果结合游牧民生活方式的分析方法被抛诸脑后，那么我们永远不要妄想蒙古史研究能够取得本质上的进步。此实堪忧。更何况，仅从公平这一点上来说，唯独蒙古或鞑靼的行迹，始终是无视民族学或人文地理学常识的无端笔诛的众矢之的，岂有此理。

说起来，拉采尔的《民族学》出版于十九世纪八十年代，修订版问世至今也已过去半个多世纪。由此可见，即便"时间"将自己花在了征询陪审官的意见之上，也还是显得那样漫不经心。

六、他们得以利用的文化水平

如若简单地将成吉思汗及在其麾下行动的游牧民视作"蛮族",则无法将历史事件解释清楚。而我们也绝不应将他们建立的大帝国,看作是残忍的杀戮行为和恐怖政策的产物。在上文中,我们以这两点为中心话题进行了探讨。论及将特定生活方式与地理条件相结合的问题,我们例举了中亚交通地理条件的特殊性,以及作为军队和军事国家的游牧民族的独特优势。不过,他们能够在如此短时之内成就这番惊天动地的大事业,并且确实将这番靠武力取得的成就维持得相当长久,要讲明这段历史事实,仅有上述几点还远远不够。特别是在其积极意义甚至建设性意义上,尚有诸多必须回顾的实情。说极端一些,那些最为重要的、决定性的历史实情,恐怕还未浮出水面。

即便单论武力,成吉思汗麾下的游牧民持有怎样的武器,不,应该说具有怎样的军备,也立马成为问题。远征军能够一次又一次攻陷当时号称一流文化的商业都市，这本身就足以令人相信，他们所使用的武器无论在质还是量上都非同寻常。坦白说，通读多桑的古典作品之后，我脑海中最深刻的印象反而是这一点。尽管对蒙古的反感使其立场特色鲜明，但作者举出例证，以其精选的史料为依据，将包围军装备了数量何其庞大的破坏性武器一一书写，倒像是要说服我们，游牧民根本不是蒙昧无知，他们具备何其高妙的技术文化（抑或说他们是多么善于利用当时一流的技术文化）。

那么，接下来的问题就是，如此高超的技术是从他们的草原生活之中独立发展起来的，还是由外部输入的呢？这不单单与军需有关，还涉及他们广泛的文化，因而此处将两项实情或说材料结合起来探讨。

其一，定居的农耕民族固守在狭窄的土地上，在对外交流方面以被动为原则，相较之下，游牧民族在与其他地域社会交流时极具主动性，不像前者那般一味排他或曰锁国。尤其值得我们高度重视的，是与他们有着深刻亲缘关系的商队商人，承担着在广阔范围内进行物资交流的角色，这自然为他们通过与不同文化的交流开拓视野达到更高的文化水平提供了有利条件。

另一项必须考量的材料就摆在以下记载之中，蒙古将俘获的技工作为宝贵的战利品分配给王公贵族。方才引用多桑的这一记载,不仅道出了他们对优秀手工业技术的旺盛需求,同时也讲述了一个事实,这份旺盛的需求,至少已经到了他们内部的供给不论从量还是质上都难以充分满足的地步。这不仅意味着他们迎接外来技术的道路已然敞开,同时说明不论是内部发展起来的还是外来的,技术文化都不是洒在荒地的种子,而是拥有一片生长结果的沃土。如此理解,应当无误。

从这一考量出发,我们来到下一个问题。成吉思汗治下的蒙古因技术发达而军备充足,因各地知识情报汇集而视野广阔,这是他们独自努力所达成的,还是因其背后有能干的合作者、后援人?由是,他们与商队商人的关系再次成为问题,并显露出来。上文也曾讲到,在利用干旱地带特殊交通地理条件这一点上,占据特殊有利地位的是游牧民和商队商人,而商队商人希望与游牧民达成妥协,甚至为了维持横跨广阔干旱地带的商路的治安,他们势必更期待游牧民诸部族间出现一个强大的统一势力而非割据,这与成吉思汗的征服大业有着怎样的具体联系?抑或说二者之间是否根本毫无关系?

游牧民族不仅对临近的农民社会发动掠夺战争,也会对经过游牧民势力范围的商队——或是利用流经其势力范围的河道进行移动的商船队——进行袭击和掠夺，我想这一点已毋庸赘言。值得注意的是，游牧民并非总是直接以武力对这些商队进行掠夺。换言之，掠夺而来的战利品可以构成游牧民经济中的重要项目，这一点毋庸置疑，但如果将依靠袭击进行的掠夺转化为两方妥协的关税征收，则可以将这个项目的收入持久化。这一点不难想到。

在当下，这一事实尤其值得我们高度重视。游牧民以某种形式，从无组织的单纯的贼匪、横跨草原或沙漠的商路袭击者，转化为保证商业繁盛的治安维持者，从而由商队商人的仇敌转化为同盟者、保护者。更进一步讲，这种交流方式甚至意味着某种生态学意义上的互利共生关系的成立。

在此，我想回顾一下，对于广阔中亚干旱地带的人类活动，现有哪些从人文地理角度出发的言论。我最敬畏的人文地理学者维达尔，无论是在地理学界还是历史学界，他的理论成果时至今日都未曾得到充分的领会和利用。他在遗作《人文地理学原理》中提出了这样一个问题，"集中于旧大陆北半球的地中海与中国海之间的各个地域，是见证了绝大部分引领各类文明的大事件发生的舞台，这是巧合吗？"他提醒人们注意，"在前进的发展历程中成为划时代事件的社会、宗教或政治上的各项事件，在上文提到的各个地域中的影响是多么广泛。"此处维达尔所联想到的,必然是使特定语言或宗教如此广泛传播的媒介——中亚商业交通道路。

在这一地带,畜牧生活显示出明显的发达性,却因其伴随着非定居的游牧,而通常被视作低级的生活方式。不过,有一种从属于该模式的生活方式,即亚洲及非洲北部的阿尔泰至阿特拉斯一带,以草原的边界、绿洲或耕地的界线为据点,依靠交易关系组织起来的生活方式,显示出形式相对高级的文明。它通过商队或市场维持广泛的联系,促进联络点上市场及城市的形成。除此之外,它还可以从容地维持营帐生活中族长般的奢侈。震撼人类的历史大事件就发源于这样的环境之中。众所周知,家族与部落彼此靠近结成同盟,一个散发出几乎横跨世界的强国之光的游牧民集团诞生了。使十三世纪的欧洲为之战栗的蒙古帝国之诞生,并非史无前例,也非无根之木。

同样是在这本书中,关于城市的起源,维达尔指出了以下事实:"沙漠边缘也有城市排列。沙哈拉两岸(将沙漠比作海洋——引者注)、中亚两岸都各有港口。商队历经横跨沙漠的艰苦考验后,在此处找到了可供休息又安全的场地,找到了商队的临时营地。这里可以进行护送人和骆驼的招募补给,成为四面八方的交易中心,人们汇聚于此交换情报。"

这里我们必须注意的是，在从非洲北部到中亚横跨蒙古大地的干旱地带上，城市所占据的特殊地位，以及为城市生活带来活力的商队商人所起到的历史性作用。换言之，这些城市与定居的农业地区城市截然相反，农业地区城市是当地政治、经济生活的轴心，终究不过是地域性、本土性生活的核心，而这些城市却是定居的农业社会与非定居的畜牧社会这两种不同生活方式的交点或结合点。这些城市作为文化交流的媒介，作为在定居的农业地区内只有为特殊交通地理条件所眷顾或青睐的城市才能担任的大型商业中转站，它们最重要的角色就是联络点。不同于地域性和本土性，它们是全面开放的，甚至可以说，它们的本质特征就是，交通系统本身就不带有地域性色彩。

除此之外还有一点，我也不希望维达尔的读者将其忽略。如果我们普遍承认，封闭意味着文化的停滞与僵化，与不同文化的交流、与外部的竞争是对文化发展最好的刺激，那么要说，承担着通商、联络之职的商队商业社会早已实现高度文明是理所当然，也无可厚非。[①] 事实上，令中世纪欧洲王公

---

①以上参见维达尔著《人文地理学原理》，特别是第二篇第六章《进步的地理特性》。日语译本，岩波文库版下卷，第124—126页，同书上卷，第94页，下卷，第272页的记载及该页插图"分割干旱地带周边的城市排布"等。

羡慕的伊斯兰文化的优越,以及"东方式奢华"一词——该词具体而言,是指拜占庭及伊斯兰统治阶级手中积聚的庞大财富,及其非生产性的、奢靡的开销——不就是最好的证明吗?

维达尔所说的"相对高级的"文明,只有以现今的欧洲文明为前提进行观察,"相对"这一限定词才会带有否定色彩。就地中海地区至中亚、东南亚一带的伊斯兰文化中,一个统一的文化圈——一个更早实现了现今欧洲文化统一性的文化圈——诞生的时代而言,那自然意味着当时世界一流的文明。即便是与中国文化进行对比,蒙古统治阶级似乎也更赞许伊斯兰文化。对此,多桑的《蒙古史》中一段有趣的记载,以窝阔台和中国皮影师对话的形式流传了下来。不过我们还是应当注意,这些都是近代欧洲文化兴起之前的事情,更是就东方与西方的交流靠南方海路来实现,为南方海路所取代之前的时代而言的。我们目前关注的游牧的蒙古,通过与当时商队商业资本的结合而利用并吸收的文化,正是处于这一历史阶段的大商业城市凝聚起来的文化。

既然说到就顺便一提,上文中窝阔台与皮影师的故事如下。曾有善皮影的中国人为窝阔台展示高超演技。在表现各国人物的影像中,有一老翁头缠巾带,白须垂胸,其颈部被马尾所缠，牵引而行。皇帝问此为何人之姿，中国人答曰此乃伊斯兰教俘虏为蒙古兵所牵引之姿。于是窝阔台命影戏暂停，道："将波斯与中国最珍贵的物产自宝库中取来，叫中国人看看，中国物产根本不敌波斯物产。"继而道，在朕的帝国，富裕的伊斯兰教徒无人不拥有几个中国奴隶，而中国贵族却无一人拥有伊斯兰奴隶。汝等应知，过去成吉思汗的法律规定，杀害一伊斯兰教徒当罚四十金币。……"而汝等胆敢侮辱回教徒，是为何故？"多桑如此记道。[1]

这段插话中，窝阔台的一番话看似在讲波斯文化比起汝等汉民文化就是如此高级，但我们也应注意到它还反映出当时蒙古朝廷的风气。在此风气之下，蒙古王朝重用一帮伊斯兰人也表明，总之这不是利用异族来压制汉族的政策性目的，而是因为他们通过比较，发现伊斯兰文化的确更为先进。这一点也不容忽视。

不论何，窝阔台以波斯和中国"珍贵物产"的比较使皮影师折服，这种形式的优劣评判，其对象是可以直接进行比较的，因此，即便的确应该考虑到作比较者审美的差异，但也不至于出现独断专行颠倒黑白的谬论。抛开主观审美，

---

[1] 参见多桑《蒙古史》（田中萃一郎译，岩波文库版）下卷，第69页。

优劣作为一种战场上的胜负，对的的确确客观存在的武器和军备而言，就是如此。

然而，与这一问题不同，作为《蒙古史》全书的整体观点，游牧民族文化与农耕民族文化进行比较时，前者总是比后者低一等级。事实上，我们有理由怀疑，这是缺乏逻辑连贯性所致。换言之，就是将质的差异偷换为量的差异、程度的差异，作者"唯我独尊"的独断论便大有可乘之隙。

本书开篇就提到，在气温与湿度都恰到好处，自古以来就富有丰饶森林和牧草的地理环境之中，人们由初期的游牧生活方式过渡到定居的农业生活方式。如果说这真如经济学家约翰·穆勒所说，体现着生产力的发展，那么比起前者，后者不是更应该具有先进的生活文化吗？然而，在不进行大规模自然改造就只能过非定居的畜牧生活的土地上，向定居的农耕生活过渡，不仅是一种奢望，更不意味着生产力的发展，也不意味着向更合理、更合乎目的的生活方式的发展，那不过是对居民生存基础的否定而已。

在一些草原周边地带，游牧民族中有部分人群，因灌溉成功、农业技术改善而过渡到定居的农耕生活。对于这些转变者，游牧民的看法如下，"那家伙也沦为种地的了"。如果说这是骄傲自满，那么被征服的农耕民族，将入侵并称霸农耕社会的游牧民最终适应了农耕社会的习俗，视作自己文化更为优越的证明，视作高文化民族同化低文化民族的结果，便也犯了同样的错误。

游牧民从事商队商业时，获得了内容远超囿于狭隘乡土生活的农村社会的丰富的文化。伊斯兰文化鼎盛时期的状态也可以证明这一点。由于一直以来学术用语的混乱，我们很难一下整理出评判文化高低的标准，但仅凭中亚游牧民文化是游牧式的，就认定其比定居的农业文化低级，这种急于求成的意识必须反省。比起中国文化，甚至当时的俄罗斯文化，蒙古更亲近并尊重伊斯兰文化，从以上观点看来，真是再自然不过了。

此外，就文化的各种形态而言，处于蒙古政权统治之下的俄罗斯与中国社会受到了蒙古的何种影响，抑或说几乎未受影响？思考这一问题时，也必须认真留意游牧社会与农耕社会基本生活方式的差异。蒙古没有向被征服的农耕社会强加自己原有的标准，也是在这一点上的明智之举。特别是，就沙皇俄国的政治形态而言，我们总是倾向于将所谓"东方式"君主专制归因于鞑靼的影响，企图为民主的近代欧洲保全颜面。对此实须严格警惕。

七、游牧民与商队商业的结合

上文指出，从人文地理学角度出发，我们可以推测出游牧民与商队商人之间存在一种互利共生的关系。因此，如果这一看法原则上无误，那么在考察蒙古称霸时不考虑这一关系，就不仅仅意味着某种方法论上的疏忽。如若不承认成吉思汗时代的蒙古与商队商人之间存在互惠性交流，那么就必须重新说明这两方势力为何没有关系。例如中亚治安紊乱无法和平开展大型商业活动，抑或如我们后来所见，由于欧洲人商业势力突飞猛进，东方与西方的贸易不仅利用中亚陆路，也利用南方海路，后者的重要性依然压倒前者——非进行必要说明不可。

那么，要实现横穿欧亚大陆的大干旱地带的交通，从技术上说有多大的可能性呢？作为欧洲中世纪后半期，十三、十四世纪东方与西方交流史之代表，柏朗嘉宾、鲁布鲁克以及家喻户晓的马可·波罗等人的旅行就是对此的有力证明。

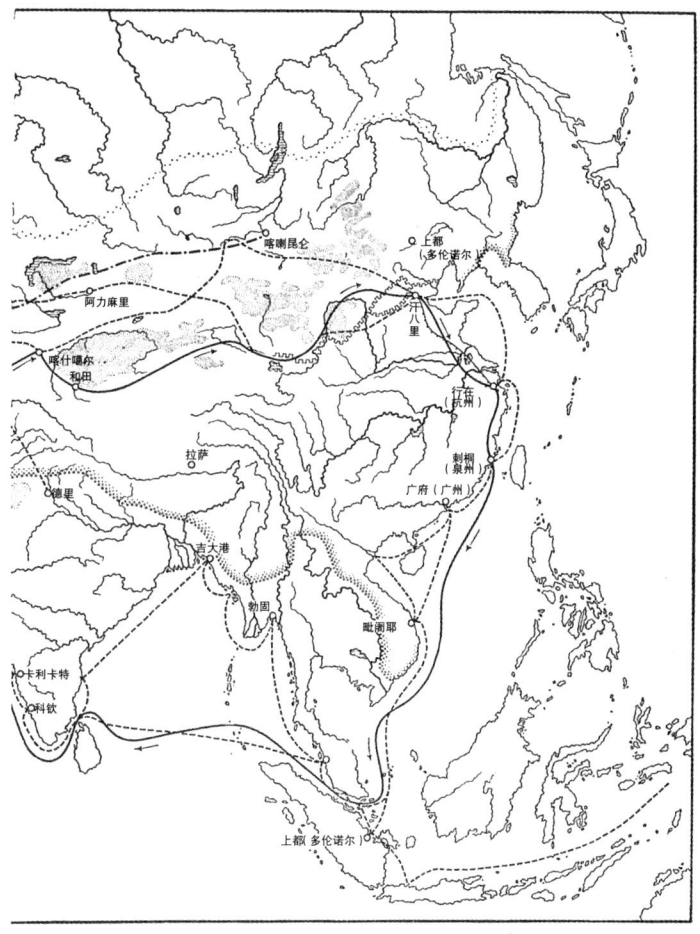

不仅如此,他们游记的内容也为此提供了有利的证据。

自进入蒙古领土至抵达贵由汗营帐的三周内,在向导的带领下不眠不休快马加鞭的柏朗嘉宾记录到,"白天进行了马匹更换。从未出现马匹失踪的情况。换马后,之前乘坐的马匹将被送归原驿站",暗示这里具备广泛而完善的驿传组织。鲁布鲁克讲述道,拔都和撒里答在河东岸建立起罗塞尼亚人村庄,在渡顿河时,村里的居民会以小舟摆渡商旅或使者,他记录到,"然而这时,向导出现了意外过失。他贸然断定对岸村庄有马匹,将之前使用的牛马遣返了。"这也证明,当时的旅行者认为目的地旅舍应该备有马匹是一种常识。马可·波罗的游记则更为详尽而系统地说明了覆盖蒙古帝国全境的驿传制度。在大汗的领土上,至少有不下二十万的马匹供驿传制度驱使,有一万座建筑一应装备齐全,"如此制度,实在令人惊叹,其运用着实高效,几乎难以形容"。①

如上种种,若有论者将其简单解读为在广阔领域内有效而快速地贯彻恐怖政治的技术手段,那么就算是表达固执己

---

① 参见上述梅斯菲尔德版,第二篇第二十章。引用自第209页起。事先说明,柏朗嘉宾、鲁布鲁克游记引自妹尾韶夫译《鲁布鲁克东游记》(1944年,文松堂书店)所收诸篇。慎重起见,有关蒙古或元朝使节的旅行,我尚未读过正式文献,因而不谈。

见的反感,也一文不值。此外,若论西方中世纪后半期的东西交流史,自然有必要追溯西方派来的使节或野心勃勃的商人的旅迹,但对于干旱亚洲上已然开放的交通道路,甚至可谓发达的交通网络而言,柏朗嘉宾、鲁布鲁克、马可·波罗之流不过是偶然的使用者,比起对他们的谈论,我们更应该考虑到迅速准备好此等交通手段的当事人的功绩,更应该思考如此交通手段是如何组织并维持的,这对于理解世界史而言有着无可比拟的重要性。更何况他们所探访的,不是被遗忘于世界史角落的中亚,而是作为当时世界史重要焦点的中亚。

正如本书开篇至今不断指出的,我们抨击将蒙古事迹与他们的残忍性和恐怖政治相联系进行说明的倾向,并不是为了宣称他们毫无残忍、冷酷之处。而是因为,由于对这一论调置之不理,那些只强调事情破坏性一面,将建立蒙古大帝国这一顾名思义的大业完全理解为靠武力与恐怖支撑的看法似乎将永远大行其道,这不仅是对成吉思汗一众的失敬,也固然是学术上的失误。一直以来,此类偏见越以一种为博人眼球而不惜信口雌黄的形容方式表达出来,越沾沾自喜地老调重弹,就越容易忽略隐藏其后的学术分析的空白。

不过,意识到这种分析的空白,也正意味着填补空白的学术努力的开始。据寡闻所及,这一方向的努力,基本以俄罗斯新东方史学家们发表于 1930 年前后的力作为代表。就我个人经验而言,尤其是能接触到雅库博夫斯基的力作——确切来说,多亏其日语译本的问世——我多年来的困惑终于解开,我的猜测也得到验证,在此深表谢意。这些为数不多的人们——即便当中有几位不慎保留了以往论调的残渣——本着良知,为蒙古一族绘制了一幅多少接近真相、与其成就旷世大业之形象相吻合的肖像画,取代了那长年占据历史画廊的充满恶意的夸饰画。

有关蒙古征服的第一阶段,正如雅库博夫斯基提到的,将其说成是征服中亚之类的远大计划的,都是无稽之谈,更不必说征服西南亚和东欧了。最初,成吉思汗追击逃至蒙古境外的敌人,不过是"单纯掠夺性袭击"。不过,眼看着成吉思汗率领的蒙古军的成功,"蒙古军所征服的各地居民中,出现了向成吉思汗示好的政治集团。首先必须举出的,就是代表东方(指西方的 oriental——引用者注)商业资本的伊斯兰商人"。在这片广阔领域内,唯有推举成吉思汗为统一的领导者,才能为商队贸易与游牧民间的交易"保障道路治安,维持商品运输杂费的最低额,也即破除封建关税壁垒"。由以上事实足以推断出,他们期望东方出现一个强大的国家。

另外，如符拉基米尔佐夫所分析的，"对于蒙古草原贵族制而言，其游牧生活内部的秩序必不可少。此外，与外部的抗争、战争可以网罗战利品，获利颇丰。因此，比起有名（出身名门？）却薄弱者，比起不可靠的首领，这种草原贵族制更认可一个强悍的大汗。其他时候，情况则由战争来决定。成吉思汗战胜了。草原贵族从很早以前就认识了这位建立'大蒙古帝国'的首领人物。"

不同的生活方式对统治者所必备的条件有着不同的评判标准。不过，游牧民与商队商人，一方期待掠夺战争的指挥者，另一方期待广泛通商的守护者，双方所期待的人物具备共通的条件，于是成吉思汗便成为众望所归。

然而，在此之前，"直到1218年讹答剌惨案发生，大多数商队商会在成吉思汗与花剌子模发生冲突时，都是站在摩诃末一边的"，值得注意的是，这恰好反映出商业资本政治墙头草的本性。换言之，从商业资本立场来看，只要新的统治者在更广阔的范围内，以更强大的势力保证上述治安和秩序，破除通商关税障碍，也就无甚理由顾及花剌子模帝国的情面。伊斯兰商人由摩诃末倒向成吉思汗，不仅没有丝毫留恋，甚至有充分的理由大力支持后者政权。

八、作为商路治安维持者的蒙古政权

上文我们以维达尔的论点为线索,从人文地理学角度阐述了相关见解。与此不同,以下摘自雅库博夫斯基的内容,非但没有人文地理学与历史学之间的你争我夺,甚至显示出两者巧妙的协作与互补。当然,即便是合作,也取决于代表各自阵营的方法论立场。对于机械的决定论,以及我早在其他场合也谈论过的,站在施吕特尔立场上坚信地理学有其专长之人而言,或许连设想两者的结合都属于无用之举。不过,这不是我们当下要探讨的内容。我们既不认同也不希望学术研究走向特殊化、专门化。

据雅库博夫斯基所言,"在亚洲城市生活中,扮演重要角色的正是商业资本,尤其是商队商业形式的商业资本。在蒙古出现于回教东方(伊斯兰化的西亚——引者注)以前,这

---

① 参见饭塚《人文地理学说史》(1949年,日本评论社)第三篇《世界史与地理学》第四节《地理环境与生活方式》,同书第192页以后。

里就已经运行着无数大商会,商队商路尽在这些大商会的掌控之中。它们是拥有大资本的组织,这些资本被投放于与蒙古或中国等遥远国家的贸易之中。值得关注的是,几家大商会垄断了蒙古及中国的主要贸易。无法想象商业资本会离开封建环境这一使其成长的温床。如果说这些资本的所有者是职业商人,那么那个时代真正的主人公——封建领主,或通过向各种商业贸易征税的方法,或通过偶尔直接参与商队贸易的方法,也在商业和货币关系上扮演着积极主动的角色"。

蒙古出现以前,也即十一世纪至十二世纪的西南亚、中亚大部,尚处于封建游牧领主建立的各王朝的统治之下。十二世纪末,阿姆河下游的花剌子模国作为新兴政治力量崭露头角。……摩诃末(1200—1220年在位)统治期间,伊朗及中亚全境几乎都属于这一新兴国家的版图。有关花剌子模国的飞速发展,雅库博夫斯基认为有以下条件,其一该国与游牧突厥接壤,常与突厥有贸易往来,其二该国位于俄罗斯东部至中亚及中国一带的商路干线之上,极具地理优势。而花剌子模国的统一,也必然与商队资本的利益息息相关。

前文说到,蒙古军所征服的各地居民中,出现了向成吉思汗示好的政治集团。首先必须举出的,就是"代表东方

(指西方的 oriental——引用者注)商业资本的伊斯兰商人"。伊斯兰商人了解蒙古的情况,他们之中有与蒙古进行贸易的,甚至蒙古与中国间的贸易也在他们的掌握之中。巴托尔德在其论文《成吉思汗帝国的建立》①的一节中有如下记载:"那些所谓文化民族的代表,不过是以商人的名义打入了外蒙古。与游牧民进行物物交换的维吾尔人及回教商人,他们在这一点上更显积极进取。维吾尔人和回教徒甚至掌握了蒙古与中国间的贸易。换言之,他们在中国囤积商品,而后转卖给游牧民。有时这些商人手中会积聚起庞大的资本。在这种情形之下,加之相对更高的文化素养,这些商人显然会对大汗产生影响,并通过干涉大汗进而对蒙古国民产生间接影响。"

再次回到对雅库博夫斯基的引用。"伊斯兰商人作为商队主人,常与封建游牧民族的高层或首领进行交易,尤其是许多首领都积极参与到商业交易之中。"可见,首领们是兽毛、皮革以及其他游牧经济产物的提供者。商人以及同行的工匠来往于蒙古地区,工匠带来了与手工业相关的知识。继而伊

---

① 播磨楢吉译雅库博夫斯基、格列科夫共著《金帐汗国史》卷尾收录了该论文的全译。由作者 1896 年在圣彼得堡大学的讲座草稿整理而成。引用自同书第 374、375 页起。

斯兰各国的政治及经济情报也传到了蒙古。这样一来,入侵中亚各地的蒙古不仅经他们之手掌握了欲征服之地的信息,也凭借这持续不断的商业联系,使游牧蒙古拥有了完善的技术武装。有关军备、武装的问题,现在进行说明或许有些喧宾夺主,但既然谈到,就论述一二。

成吉思汗麾下的蒙古军可不只是以勇敢、优秀的机动能力或巧妙的战场策略为特色的游牧民集团,这一点仅靠多桑对距离梅尔夫十二日行程的尼沙布尔(Nischabour)包围战的记载就足以证明。数月以来,该市居民用尽全力使逼近的蒙古兵饱受摧残,因此他们对将要遭受的攻击也有所预期,竭尽全力进行防御准备。堡垒之上架起投掷标枪的弩炮三千,一般弩炮五百。蒙古军的准备也倾尽全力毫不逊色,在将以尼沙布尔为首府的全省洗劫一空后,他们将投枪用弩炮三千、一般弩炮三百、石油弹发射装置七百(为了纵火焚烧固守城池的敌营而使用的一种以石油为主要原料的燃烧弹,这足以使人联想到他们是通过何种渠道获得石油的,仅此一点也足以推断他们与伊斯兰商人之间早已知己知彼)、云梯四千、石囊二千五百运临城下。[1] 类似的

---

[1] 参见前引田中译《蒙古史》上卷,222页。

夸张的技术装备在多桑的记载中随处可见，蒙古军给予手工业者的特殊待遇也已在前文提及。这些事实"彻底证明了作为游牧民的蒙古军已经与其征服国内部的经济实力强大的团体取得了充分的联系"，雅库博夫斯基的这一结论想来已是无可非议。

成吉思汗的军队逐步成功，以北京为首的中国部分地区已经为蒙古军所占领，中亚、七河地区的一部分也落入他们手中，于是蒙古成为与中国人进行贸易的名副其实的主人公，从此，与中国进行贸易的伊斯兰商人也毅然决然彻彻底底地成了成吉思汗的同盟军。而花剌子模国政局之动荡日甚一日，又进一步加剧了这种情形。有关统治阶层内部不和的情报频频传出，花剌子模政权的权威一落千丈。"令最大的几家商会与花剌子模政权决裂的契机"是，成吉思汗派出的以贸易和外交为目的、向乌尔根奇市出发的大商队，一支由五百头骆驼和四百五十人组成的大商队，在摩诃末的命令之下被尽数杀害，造成讹答剌惨案。这一事件的发生，导致当时犹豫不决不知与何方为伍者态度骤变，最终与成吉思汗的政策产生共鸣。"一世英杰成吉思汗指挥的统治集团就这样在东方（西亚、伊斯兰的）商业资本的支持——愈发具象化的支持之下，稳步完成了最初的征服，由此逐渐产生了更远大的征服计划。"①

形成于十三世纪的蒙古国家的政策,其目的或许纯在掠夺,而不包含维持政权、扩张版图的意图。然而,种种事实已然证明,蒙古政权几乎是从蒙古军开始征服的那一刻起,就已经将与征服紧密相连、以商队形式存在的商业资本利益摆在了政策的首位。诸如振兴征服地城市的工商业等,而其中更为明显的,是完善长距离交通体系。至于贸易道路的安全性,除同时代西亚、伊斯兰系的作家或欧洲人之外,更有积极与东方诸国进行商业贸易的亲身参与者对其大书特书。雅库博夫斯基就曾指出,佛罗伦萨银行的商业代理人佩葛罗蒂(Pegalotti)证明蒙古诸国内的道路绝对安全。他还谈到,"除此之外,大国的建立使商品从一个地方运输至另一个地方的各项费用骤减。这是因为封建领主终于不再对经过其领地的商品货物收取关税。"以上两点,尤其是与同时代分裂的

---

①所有问题的焦点就在于此,这一观点使得雅库博夫斯基一派学者成为蒙古史研究的划时代者。参见雅库博夫斯基、格列科夫共著、播磨楢吉译《金帐汗国史》(1942年,善邻协会蒙古研究丛书第二卷,生活社)。据译者解说,原著发表于1937年,但依笔者所见,收于附录的雅库博夫斯基《金帐汗国首都萨莱》(1932年)一文尤为佳作。

战时与蒙古相关的俄语文献多有译出,我辈学者大受其益,仅通过译作判断,上文的雅库博夫斯基与《蒙古法的基本原理》(青木富太郎译,1943年,生活社)的作者黎亚札诺夫斯基,是在方法论上最值得信赖的学者。

欧洲进行对比，则越发值得大书特书。就连大名鼎鼎的多桑，在记录蒙古帝国井然有序的驿传制度时，都收敛了他那独树一帜的厌恶之情。

据说，在被征服民族的生活习惯和对异教的宽容等上，正如提比略对后来的大帝国统治者英国国民的评价一样——只要不产生大影响，就不拘小节的蒙古统治者们对待破坏交通道路治安的行为却是极为严厉的。想来也是理所当然，这毕竟关系到对前所未有的辽阔版图上各组成部分的联络及有效掌控，具有统治意义上的必要性。诸如此类的情形，都明显反映出蒙古政权与当时最重要的社会势力伊斯兰商队资本之间是一种稳定不变的相互依存关系，这一原则性事实我们切勿忽视。毫不夸张地说，蒙古政权将保障商业道路的安全性及联络的迅速性放在首要位置，就是将创造促进商队贸易发展的条件作为政策的一大目标，而大帝国存在的理由也正在于此。

如此一来，将东亚与欧洲两相隔绝的中亚天地，由于与商业资本利益合作的产物——统一的蒙古政权的确立，从隔断之地化身为联络之所，终于被赋予了得以充分实现其交通地理价值的历史机遇。

几乎已被当今世界史主流抛弃的干旱贫瘠的中亚，在欧洲人尚未建立东西方海上联络的时代，就已成为重大历史事件的核心。换言之，在二十世纪的今天，在亚洲或欧洲的各民族中，如黎亚札诺夫斯基所说，显得"怪异的故步自封"的游牧蒙古在世界历史舞台上的华丽登场，是上文所述的地理条件与历史条件，即便以同样的形式结合也无法复制的产物。而论述成吉思汗建立大帝国，即便是成吉思汗，也唯有经过如此分析之后才可称其为"旷世"英雄，意识到这一事实才是重中之重。

第四部

西方古地图上的"日本士兵"与东西佣兵队

一、作为火枪手的日本佣兵

　　西方人绘制的亚洲古地图可以分为两个系统，其中一种是依据中亚商队带来的信息资料绘制而成，另一种则依据印度洋海员带来的信息资料绘制而成。归属于后一系统、于十七世纪初在英国出版的中国地图，从东西交流史，特别是从已经打入东南亚的欧洲势力与我们祖先的交流是以何种形式开启的等观点出发，确有使人兴味盎然之处。至于这幅地图的实体，战后我在渡边绅一郎先生引以为傲的西方古地图收藏中，终于一睹真容。图上画有人物像左右各五人，共计十人。同明代的中国官员、农村女性、勃固（古代缅甸王国）男女一起的，还有左侧从上至下第二位、右侧从上至下第三位的两名壮汉，他们就是这第四部的主题"日本士兵"。在我看来，画中两人都是我理想中的火枪手的形象。

　　面对面的两人都身着长袍，腰佩太刀，虽说是太刀，但更像是以悬挂佩剑的方式，且不知为何是在腰部右侧佩着一柄太刀，右肩扛着一挺巨大的火绳枪。手边升腾的是火绳燃烧的烟雾。枪从枪托的底部来看，不是日本制造，但也无法断言就是西洋产物。恐怕这幅画上的日本士兵本就不是按照实物绘制的，而是画工根据东南亚一带旅人、海员的见闻，将威震东南亚的日本佣兵按照最符合自己想象的形象画了出来。①

渡边先生所藏的这幅地图，在本该印有标题的地方留有一片空白。之后，我又见到了一张同一版本的翻印版，空白处印有英文"The Kingdom of China，一六二六年增补"。将其推断为十七世纪初英国绘制的版本应无大错。

带有农民战争色彩的岛原起义（1637—1638）之棘手，使德川幕府意识到体制的危机，决定闭关锁国。站在下令者的立场而言，这是世界历史上绝无仅有的成功的闭关锁国，而幕府的这一决定正是在这幅地图问世后不久做出的。彼时，没能于动荡的战国时代在国内建功立业者、在丰臣继德川治下郁郁不得志者，外加与基督教有关的被驱逐者、流亡者，

---

① 《亚洲之日本》1960 年版的封里所载翻印版是 1626 年的增补版。与渡边先生所藏不同，1626 年的增补版有地图名与增补年份，但没有上色。我曾在已故幸田成友先生的晚年将地图复印件呈给他看，先生亦视之为珍宝。我想，在通过渡边先生的收藏将其公开介绍之前，知晓这幅地图的日本人应该极少。

掺杂着倍感日本逼仄憋屈的壮志凌云者，大量日本人朝着东南亚方向出发了。他们或被当地王侯贵族雇佣为有拳脚功夫的职业军人，或在英国或其竞争对手荷兰的东印度公司（前者创立于1600年，后者创立于1601年）做雇佣兵。

在平户荷兰商馆馆长亨德利克·布劳威尔（Hendrick Brouwer）于1613年2月11日致巴达维亚东印度总督彼得·波特（Pieter Both）的书信中有言："据我们在当地所见，日本人生性聪明颇有才能，但工资低廉，仅靠大米咸鱼等极廉价的伙食就可养活。"① 因成为东印度总督后在南洋确立荷兰人势力基础而闻名的简·皮特斯佐恩·科恩（Jan Pieterszoon Coen）在于次年1614年1月1日致总公司的信中汇报道："在日本，无论是粮食还是其他，所有必需品都可以低廉的价格买入。在这里，我们可以建造或命人建造我们所需的船只。因为只要肯出钱，就没有什么是不能满足的。而只要我们开出与我方士兵同样的工资，就能雇佣应有尽有的日本人，条件契约与我方士兵同样即可。"② 他就任总督后，在于1620年6月26日致平户荷兰商馆馆长史雅克·拜克

---

① 参见岩生成一《巴达维亚日本移民活动》（《史学杂志》，1935年12月号），第4页。
② 参见同上，第43页。

(Jacques Specx)的信中说道:"凡时间及情况允许,望您通过不同班次的帆船及戎克船为本地送来大量勇敢的日本人。"据科恩所言,其理由如下,"此非为劳动,而为用于战争。此外,若有非公司雇工的自由移民,请您多多送至本地。不仅我们喜闻乐见,对当地而言也是锦上添花。为防止公司因薪俸而负担过重,以合适的公司船只或日本戎克船多送些不领月俸的人来为宜。"①

由此看来,日本这片土地上的人果真自古以来就素质优良且甘于将自己贱卖吗?如此想来真是心酸之至。而爪牙伸至"极东"的欧洲人将船只甚至士兵、水手低价筹措至目的地,使殖民地统治基础得以稳固,这对他们而言不是"锦上添花"又是什么?详细内容,请参见岩生成一教授在战前的宝贵研究成果《巴达维亚日本移民活动》。

锁国以前,不止印度,东南亚各地都有大量日本人的身影,甚至形成了日本街。而日本兵之所以被佣兵需求者大量接收,原因之一正如那张古地图所暗示的,他们被评价为能干的枪

---

①参见岩生成一《巴达维亚日本移民活动》(《史学杂志》,1935年12月号),第6页。

手。① 据说,那时日本大量输出的不止人口,还有日本制造的步枪及锋利程度名扬海外的日本刀。②

---

①参见饭塚《日本的精神风土》(1952年,岩波新书),第4—6页,朝鲜领议政(宰相)柳成龙及武官申忠一有关日本兵的记载。
②据门德斯·平托《亚洲放浪记》(江上波夫节译,1955年,河出书房)记载,他于1556年从诺罗尼亚总督麾下被派遣至丰后王(大友)麾下而再度(平托自称是为种子岛带来步枪的三个葡萄牙人之一)访日时,据说日本人在丰后国国府(大分)存有三万余挺步枪,正当他怀疑怎会增加如此之多时,日本人费尽唇舌向他说明,日本全国有三十余万挺,六渡琉球运出了二万五千挺。参见江上节译本,第211页。

二、被遗忘的兵器

"种岛筒"就是一种日本制火枪（Musket），而作为枪手的"日本士兵"就是日本制火枪手（枪手）（Musketeer）①。西方的火枪队原本是封建武士集团范畴之外的佣兵队，佣兵队最终成了压倒封建诸侯的国王常备军的前身。大约就是从这时候起，锁国得以持续两百多年的日本，原封不动地维持

---

① 1962年夏，我访问国友（长浜市）时，从当地乡土史学家处得知，有马成甫《火炮的缘起与传播》（1962年，吉川弘文堂）已出版。该书认为种子岛枪不是火枪（Musket）而是火绳枪（Arquebus）（参见第626页、第639页等）。这种说法应该是正确的。平托等人带来的火绳枪，在平托的原文中是Espingarda，是法语中与Arquebus相对应的词语。因此，我的底稿也更改为这种说法，但正如有马先生事先说明的（第418页），不必拘泥于二者的区别，且大仲马的《三个火枪手》原文是Trois Mousquetaires，比起Arquebusier，Musket（Musketeer）更为人熟知，因此本书仍旧使用火枪（Musket）、火枪手（Musketeer）的说法。《军队的历史》（1948年）的作者乔治·卡斯特兰所言，"带簧轮的火绳枪（Arquebus）或火枪（Musket）直到1567年左右才出现于法国。于是，新型士兵诞生了，也即代替弓箭手的火绳枪手（Arquebusier）。此后，步兵由两个要素，即火枪手（Musketeer）和枪兵构成（参见原著第56、57页，西海太郎、石桥英夫合译第62、63页），可见此处也是两种词语混用。

软弱的军事国家体制、即便动脉硬化也依然存活的封建日本，与同一时代无论在军事上还是海外贸易上，都从不回避你死我活的斗争的欧洲诸国相比，前进的步伐已天差地别。

虽然没有理由将1543年（天文十二年）种子岛时尧从偶然同乘中国戎克船的两名葡萄牙人手中购入的铁炮[①]认定为日本最初的铁炮，但以种子岛家赠予岛津家，再转赠予将军足利义晴的枪为例，据说当时京极家治下的近江国坂田郡国友村的刀匠制作的两挺枪（六匁玉）被送至将军跟前，是在天文十三年八月（新历十月），距离铁炮传入日本的1543年8月恰好一年整。[②] 此事暂且按下不表，从《铁炮传来记》（1939年，白杨社）作者洞富雄制作的该书卷尾的年表中挑出显眼的大事来看——

"天文十八年（1549年） 织田信长与美浓国斋藤道三会面，为御供众七八百人提供弓、铁炮五百挺。七月信长向国友村订购铁炮五百挺，翌年十月完成。天文十九年（1550年）此时铁炮用于战争已普遍化，京都东山慈照寺大嶽城的修筑显示出其影响。……弘治二年（1489年）据《平托回国记》记载，此时日本全国铁炮数已达三十万

[①]日本火绳枪。——译者注
[②]参见有马成甫《火炮的缘起与传播》第662页。

挺。……永禄十二年（1569年）信长将铁炮制造地堺纳为直辖地。元龟元年（1570年）六月信长姊川合战告捷，占领铁炮制造地国友村。九月驰援石山本愿寺的纪州诸军两万人中三千人成立铁炮队。此时本愿寺军也装备有铁炮七八千挺。……天正三年（1575年）五月长篠合战中，织田、德川联合军铁炮队歼灭武田军骑兵队。……天正五年（1577年），信长将纪州铁炮制造地根来、杂贺等收入势力范围。天正六年（1578年）六月，受信长之命，在伊势国于建造过程中受炮火侵袭的六艘大铁甲舰竣工，开往大阪湾。[①]……文禄元年（1592年）四月，第一次朝鲜之役爆发，

[①] 根据作者洞富雄的解说，"兴福寺《多闻院日记》中同年（天正六年）七月二十日一条记载，近日由伊势向堺浦调配大船。可载人数约五千。乃横七间竖十二三间之铁船，以防铁炮穿透。大张旗鼓。……"。"此外，至于七战舰（年表中为六艘，因有一艘非装甲舰——引者注），当时亲眼见过的葡萄牙传教士奥尔冈蒂诺向路易斯·弗罗伊斯汇报道，上文所述乃信长于伊势国命人建造的日本最大最华丽的船只，与王国（葡萄牙王国）船只相似。余前往得见，日本竟能造出此物，令人震惊。船上所载大炮三门，不禁使人好奇从何而来。只因据我等所知，除丰后王命人所造数门小炮外，日本国内再无火炮。余前往观此大炮及其装置。又见无数精巧重型长枪。据毛利所言，不到四月援兵不至，因此近期大阪或将沦陷。大阪邪恶宗派一向宗乃天主教在当地最大阻碍之一，愿我主如上所述安定四方。"（村上直次郎译注、渡边世祐注，异国丛书，《耶稣会士日本通信》京畿篇，下卷，第434、435页）

只是从江户时代思想统治和明治以来，尤其拜学校教育中阴魂不散的西方崇拜所赐，我们，当然也包括说这些话的我本人，对自己祖先的事迹一无所知。

敌军无鸟铳（铁炮），我军铁炮队战功卓著。[1]……庆长五年(1600年)，委托德川家康石田三成所辖国友村铁炮锻造，急造大炮十五挺。九月，关原合战后，家康将国友锻造收入掌中。……庆长十九年（1614年）十一月，大阪冬之阵爆发，德川方枪炮战功卓著。宽永十四年（1637年）十月，岛原之乱爆发，天草起义男女约六万人装备铁炮二千五百余挺据守原城。炮火威力之大足够守城三月。"

在年表中，此后宽文至元禄年间，有关制造多种连发枪的记载仅有一则，"文化三年（1806年）九月俄舰入侵库页岛，等等"，由此将话题转向德川幕藩体制三百年太平梦的破灭。

想必读者已从上文的记载中看出，信长接二连三掌握"铁炮制造地"，果真名不虚传。然而，当铁炮队是决定性战斗力这一事实昭然若揭之后，是家康成功统一了日本全国，同时也证明了这一事实。此后，如"入枪出女"[2]的管制所示，只

---

[1]文禄之役中"我军武器势如破竹之代表，就是一线兵器步枪。朝鲜绘制的战争图中，有一幅描绘了士兵们肩扛步枪，从海边齐头并列的我军运输船上纷纷登陆的情景"。我在《日本的精神风土》一书开篇介绍过该图，登陆图名为《东莱安乐书院釜山镇城陷落图》。同样是在《东莱府城陷落图》中，包围着拔刀而斗士兵的铁炮队排列整齐。
[2]防止枪支带入江户，谨防在江户做人质的大名妻女出城。——译者注

有严格管控国内这一决定性兵器，当权者才能于既成秩序之上坐享其成，这一局势持续日久。早于姊川合战翌年就受信长之托制作大炮（长九尺，二百匁玉）的国友锻造，即便被指定为德川幕府直属军需工厂，但比起军需省，更像是归属于厚生省，被部署为江户城警备的"铁炮百人组"（足轻组）①，不过是城门口不甚美观的装饰罢了。我们甚至已经忘记，江户时期的日本还有过一支如此名号的枪手队。正是在这个时代，武士战场杀敌的原本职能失效，职业选择和转业之路被封锁，置身于终身雇佣、职位世袭等保守秩序中腰佩双刀的职业武士，成了日本人普遍认知的"武士"形象。

本书自开篇以来就净谈学问，到此便请各位读者轻松片刻。说起西方人气"剑豪"，当属达达尼昂或是诗人兼剑客西哈诺·德·贝杰拉克之流，然而达达尼昂和他的伙伴，也即大仲马《三个火枪手》的主人公们，虽说是剑客达人，但正如大仲马小说名字所示，他们原本都是"枪手"。西哈诺也好，加斯科涅的青年队也好，都战斗于炮火硝烟之下。然而，日本的剑豪物语、讲谈不知是何时写就的，其中的主人公们都生活在一个连枪械存在的时代都无法想象的世界里。筑

---

①日本古代最低等级步兵。——译者注

城，治水，建造大型朱印船，就连显示出彼时一流工程师之见地的加藤清正，在朝鲜与猛虎对峙时，他那珍贵的铁炮——在广为流传的说法中——都被夺去。① 这类说法为读者听众所接受——在十七世纪至二十世纪中叶的漫长时期内通行于世——简直是不可思议的故步自封。

德川幕府当局的枪械管制也是如此：从历史人物手中，甚至从以铁炮队威力为战功支柱时代的代表性武将手中，没收他们赖以生存的枪械，使世间的善男信女彻底忘记铁炮究竟从何时起成为实用的武器，只有这样，治安当局才能高枕无忧。

西方兵制中备受推崇的火枪队（枪手队，国王佣兵队的主力）在日本为幕藩体制所吸收，以发育不良而告终；内忧方面压制到上述程度，外患方面常年四海波平，以及在外国贸易上幕府得以一手遮天的条件，都是将欧洲诸国近代史与日本近代史进行比较时不容忽视的差异之处。

---

①有关加藤清正的"虎退治"，不知汤浅常山《常山纪谈》卷十记载之人竟然不在少数，那就介绍一二。"朝鲜某处，清正大军驻扎于大山山麓，夜间猛虎来袭，将马衔至空中，飞跃藩篱而去。清正愤恨大怒。猛虎再度来袭，咬死小厮上月左膳。翌日清晨清正围山猎虎。只见一虎自萱原茂草中一跃而出，直扑清正。此时清正攀上一巨大岩石手持铁炮，虎行至三十间（译者注：约五十米）处怒视清正而停。众人欲以铁炮击之，清正下令制止，意欲亲手击杀。于是此虎张开大口朝前猛扑而来，清正一枪中其咽喉，虎倒地欲起，然因重创，一命呜呼。"（参见岩波文库版，上卷，第257页。）

三、效力他国"灵魂之伟大"与"献身之无数"

西方古地图上的日本制火枪手,正因难得一见,我才介绍一番,而这张照片上的雕像,是诸位读者已在各类美术全集上屡见不鲜的巴托洛梅奥·科莱奥尼骑马像。如您所知,该作品经多纳泰罗的弟子、达·芬奇的老师委罗基奥及莱奥帕尔迪前后两位名匠之手而完成,堪称文艺复兴时期雕像的代表之作。人与马都精悍无比,的确是一件出色的作品。我记得上野美术学校旧址有一座原比例大小的石膏复制品。

正如三十年战争(1618年起,至1648年威斯特伐利亚和约签订而告终的宗教战争)时期佣兵军团大首领华伦斯坦因席勒的戏剧而千古留名,我们能够识得商业都市威尼斯的一介佣兵队长科莱奥尼之名,原因之一就是这座杰出的骑马像。而他之所以能借委罗基奥和莱奥帕尔迪两位巨匠之手为自己塑纪念像,是因为在担任佣兵队长之职时积蓄了庞大的私财。科莱奥尼死于1475年,临终前,他以在圣马可广场修筑自己的骑马像为条件,将部分私财遗赠予威尼斯共和国。然而,该市的法律禁止在这座极具历史渊源的城市共和国中最具历史渊源的圣马可广场修筑这样的纪念物。假如这位名震天下的"精锐之师"的首领还在世,他或许会以"发动指挥权"之类的方式强横干涉,使事态发展到以武力质疑法律权威的地步。然而无论如何,科莱奥尼本人已经与世长辞,威尼斯共和国元老院找到了一条恰到好处的迂回之道。他们通过偷换铜像修筑地,既保全了死者颜面,又不至于使法律消亡。正是因此,如今的科莱奥尼的确是在圣马可,不过是圣马可大会堂前的广场上独自威风。

在英语中,"Swiss Guard"是指瑞士佣兵,而在法语中,"Suisse"(瑞士人)这个单词已经作为佣兵的同义词被广泛使用。正如日本人皆知镰仓大佛,对西方人而言,著名的骑马像主人公科莱奥尼是佣兵队长,以及三十年战争中帝国军队总指挥华伦斯坦是强大佣兵队的组织者,在敌营靠掠夺供养佣兵军团等,即便没有席勒的戏剧,也是耳熟能详的。

铺陈了许多旧事,但可见佣兵制度已然在古代文明国家实行。[①] 或许是作为行将崩溃的封建兵制的替代品,十五世纪

---

① 例如,希罗多德的《历史》全书多处谈及佣兵问题。

以来，欧洲军事对常备雇佣军的依赖倾向愈发明显。压制封建诸侯的王或皇帝向雇佣军寻求其中央集权地位的武力支撑，而在侵略战争、帝国主义对外征伐中，只图钱财、以战利品为目标的佣兵队反而更为好用。在如此环境之下，"瑞士人（Suisse）"、德系"德意志雇佣兵（landsknecht）"、"德国骑兵（reiter）"，等等，需求量巨大。

瑞士佣兵如今只是作为天主教教廷梵蒂冈的礼仪近卫兵遗留下来，而法语中瑞士人一词以佣兵之意留存下来，则是因为法国曾是瑞士拥兵部队最大的主顾。如今的瑞士一脸心安理得，仿佛以红十字会为首的各类和平机构总部本就该驻扎在此，然而就在一个多世纪以前，他们还以国营或州营垄断事业的名义做着向他国军务倒卖本国壮丁的佣兵贩子的勾当。由于太过丢人现眼，终于在1848年停手。但不如说，是在强烈的民主风潮之中，各国军队转而依靠对本国国民的征募，工业化浪潮又为失业人口提供了新的和平岗位，佣兵贩子的勾当已无法继续经营下去。

不论在哪个国家，功勋卓著的将军都是引以为豪的谈资，而正因如此，在阅读瑞士军队史或曰兵制史时，才会发现一些颇为有趣的记载。有一节曰："我辈可于服务外国的历史之中，列举出纪律与勇气与灵魂之伟大，列举出克己与献身之无数例证。此遗产乃我辈道德财富之组成部分。"①

在该书同页的一幅插图中，排列着八位来自瑞士、服役外国的著名将军一本正经的肖像画。

吉恩·罗多尔夫·维特穆勒（1614—1677年），苏黎世人，历任法国准将、威尼斯炮兵大将、奥地利元帅等。弗朗索瓦-路易·德·佩姆-德·圣·萨伏伊（1668—1737年），历任奥地利舰队副司令、英国准将、英国驻维也纳大使、伯尔尼军团长、伯尔尼派遣至海牙和乌特勒支全权公使。弗朗索瓦·德·雷诺尔（1642-1722年），弗里堡人，法国国王军准将，后在瑞士军方担任要职。贝桑瓦尔男爵皮埃尔·维克多（1721—1791年），索洛图恩人，历任法国国王军准将、法兰西岛、布尔邦、奥尔良及巴黎总督、瑞士及格劳宾登总督。让-弗雷德里克·德·狄斯巴克-德·贝列罗切（1677—1751年），弗里堡人，荷兰及奥地利上将、锡拉库萨总督、神圣罗马帝国伯爵后至公爵。弗朗索瓦·勒·弗尔（1656—1699年），日内瓦人，俄罗斯步兵上将及舰队司令、俄罗斯海军创立者、

---

① 从前的确有一本以多位学者论文集形式出版的单行本，我写作旧稿《佣兵队》（《改造》1954年6月号）时曾摆在案头，因此可以确定不是因战乱而丢失的，但最近却遭受接上级命令紧急搬迁研究室之灾，在转移大量藏书时，不知将其装在了何处，如今原著已无法找到，引用记载的出处无法详记，深感遗憾。

彼得大帝顾问，1696年于亚速海战胜土耳其军，诺夫哥罗德大公副王，因战伤死于莫斯科。菲德尔－安托万·托尔·劳本（1720—1795年），楚格人，图尔·沙蒂永男爵，法国国王军准将、学会（1663年科尔贝尔创立，有会员四十名）会员。安托万·亨利·约米尼（1779—1869年），帕耶讷人，拿破仑一世麾下旅长、内伊元帅参谋长，后转至俄罗斯任步兵上将、亚历山大一世幕僚，以写作战记而闻名。

贵国引以为傲之处大致如此，不禁使人摇头叹息。技艺精湛的匠人、工作靠谱的技师被高价购买，然后忠贞不二地效力于不断变换的买主与雇主，一旦达到所期望的杀戮效果，便只会得到褒奖，又怎会遭受怨言。可见，"吾辈世代传承之道德遗产"的使用方法也因时代变换而大相径庭。要说今天有何类似例证，大概就是电影明星或职业棒球团选手的互挖墙脚、效力他处。

在我国历史中，从靠战功即战场杀人能力获取报酬，且报酬以绩效工资而非生活工资为原则的战国至德川初期，悖逆忠臣不事二主的案例也有许多。在个别极端案例中，有人因亲自检验过先主麾下之人的可靠能力，而以高价招募先主派来的追剿者。栗田元次《大阪之役与浪人问题》记载道，于天王寺之战杀死本多出云守忠朝的追剿者雨宫三右卫门，当时享有千石俸禄,掌管"足轻"五十人。后改名为传右卫门,被本多家招募,俸禄六千石。而塙团右卫门、后藤又兵卫等豪杰都是大名鼎鼎的选手,却因始终未能遇到一个给予他们理想的专属薪资的职业棒球团老板,而淹没于职业棒球没落的时代。人们逐渐意识到无名小卒的铁炮才具备决定性的威力,因为在战争买卖中,针对单个著名选手的绩效工资制已不再划算。

四、被贩卖的士兵

话说"一将功成万骨枯",或许因为这万骨不论何时何地,其境遇也好、命运也罢,总不见一点起色,又或许因为写史书者因侍奉主人也立刻习惯于对万骨坐视不理。史书中,甚至连战史中都几乎没有关于他们的记载。我们暂且看看席勒《华伦斯坦》第一部、第二部的内容,虽有些将就,但以下引用也足以窥见三十年战争期间的佣兵军队是为何物。

席勒笔下的龙骑兵队长如是说:

"他们对这片国土漠不关心,军队才是他们的家和故乡。他们不会为了祖国而热血沸腾。要问为什么,因为他们大多数都和我一样生于外国女人之腹。(实则因为他们认为华伦斯坦是值得依靠的首领才聚集起来——引者注)假如是为了皇帝,恐怕有半数人都不会抛弃外国的职业来加入我们。是狮子(瑞典)还是百合(法国),都无所谓。

唯有一人将这一切以强大的控制力率领，以同样的爱与敬畏结合成一体。"

在另一场景中，一位陆军上士如是说：

"队长与将官都相信他自掏腰包维持连队，坦诚相待，即便超出负荷，也将时来运转，这位首领、这位公爵（指弗里德兰公爵华伦斯坦）一旦倒下，这些钱财便白白浪费了。"

还有一位将官伊索拉尼的台词如下：

"以战养战。只要有农民在，陛下就能获得相应的军人。"

佣兵队，在英语中即"Mercenary Troops"，一般定义为以志愿服兵役为代价获取报酬的职业军队，但从上文最后一则足以窥见，他们看似自愿从事军队营生，实则是经济上的强制力在其中发挥着巨大作用。农村因战火而荒芜，即便未受战火的直接侵袭，战争资金筹措的强制性也使毫无抵抗力的农民备受牵连。物资征收极为严苛，走投无路的农民越来越多。如此一来，军队的招募则越发容易。这便是以战养战，也即伊索拉尼主张的逻辑。

说起君主专制时代最具帝王风范的帝王代表，东方是开创清朝全盛期的康熙帝，西方则是法国的路易十四。无巧不成书，亲眼观察过两位人物及其统治的耶稣会士们，向两人都表达了最高的敬意。这一事实希望读者牢记于心。不过想必大家早已有所耳闻，这位被称作"太阳王"的至高无上的路易十四曾说过一句："朕即国家。"简明扼要又似是而非。原文字面意思就是"国＝我"，因此这句话既可以理解为国民幸福则身为君王的我也幸福之类明君的宝贵垂训，也可以理解为国家皆应随我意之类专制君主翻脸不认人的说词。不论人们怎样理解路易十四说此话时的心境，在国民的基本人权意识尚未觉醒的阶段，在反对无视人权的对待是人类理所当然的权利这一想法尚未在国民中普及的阶段，将国土和人民都视为国家元首的私有物便是原则。在这种环境之下，"一将功成万骨枯"中的万骨阶层所陷入的各种命运中，或许最为屈辱的一例，就是出现于美国独立战争时期的德意志。相关内容在《亚洲之日本》中题为《敌人也非等闲之辈》的一章中也有介绍。

实际上，那则记载是《改造》1954年6月号所刊旧稿《佣兵队》中所用资料的重新编录，诸君可将《敌人也非等闲之辈》解读为，既然西方在数代以前将大规模的人口买卖作为君主间的交易公然进行，就没有理由总对西方文明溜须拍马，也可理解为抵御专制政治的压力还人民以政治自由，真是大快人心，感同身受。后者自然是极好的。毕竟，民族主义成为问题，是自那以后的事情。

英国国王为了筹备镇压美国殖民地叛军的军队，尝试与荷兰及俄罗斯交涉被拒，最终从德意志成功买入士兵。德意志诸侯与英国国王之间以七百万英镑的价格买卖了总计二万九千名士兵。在这次事件中，有人翻脸不认人，宣称我出卖我自己的人民何罪之有，此乃封建君主理所当然之权力，此人正是黑森伯爵。同样以卖家身份登场的还有安斯巴赫边疆伯爵卡尔·亚历山大，他先是对巴黎女演员珂蕾珑，后又对克莱文夫人痴迷不已，致使国库亏空，不得不将自己的军队卖给英国国王。不仅如此，为了换取现金，他终将整个国家卖给了普鲁士，自己隐退英国，真是位令人瞠目结舌的元首。这个男人，就是日本人常以"大王①"相称的普鲁士腓特烈二

---

① 大帝。——译者注

世之侄。

不论出于何种理由,只要有买单之人就有出卖"无靠之民"的心术不正之人,要论谁更不堪,两者其实不相上下。借用《德意志与法国革命》的作者、英国著名历史学家乔治·皮博迪·古奇毫无保留地指责买家的一篇文章来看,"再没有什么事实比这个(德意志的)小公国末年不堪的历史更能证明,国家及人民是统治者的私有财产已然是当时全面普及的观念。"[1]

在这种情形之下,为战争与和平问题呕心沥血的卢梭与康德提出"战争是出于君主自身利益,而非为了人民,因此共和体制之下再无战争"[2],最终只能将希望寄托于尚未成形的共和政体,也不无道理。

---

[1] 参见柴田明德译本(1943年,三省堂)第23页。

[2] 参见爱德华·霍列特·卡尔《二十年危机》(井上茂译,1952年,岩波现代丛书,原著出版于1939年)第35页。据外媒报道,1959年8月31日夜晚,艾森豪威尔总统在伦敦与麦克米伦首相进行电视对谈时说道:"我相信比起政府,民众更能促进最终和平。民众此刻对和平有着极其强烈的向往,因此各国政府最好放弃阻挠以便实现民众的心愿。我们必须考虑的正是此事。"在和平问题上,卢梭与康德所抵制的君主专制政体已于"二战"后几近消亡,即便是在如此阶段,保卫和平的要塞依旧是人民,也只能是民众。这次引用的发言人不再是浪漫主义的思想家或唯心主义的哲学家,而是实实在在大权在握的超级大国及衰老大国的政治领导人,这也体现出跨越两个世纪的差异所在。不过,也有人认为艾森豪威尔的发言,是这位诚实的军人总统在杜勒斯外交路线上吃尽了苦头的忏悔式批判。

五、不宜作教材？

在学校历史课上，从小学到大学，我们从未学过与佣兵有关的内容。过去教育总监部发行的《皇军史》，虽是从神话时代开始的通史，却从不追究在西方甚至世界各国历史中发挥巨大作用的佣兵在日本是否存在。日本在近代由封建兵制一跃而成全民皆兵的正规军兵制，这一点的确与西方存在差异。然而，至少在德川幕府完善封建军事国家体制之前，佣兵在我国都不算特殊的存在，可历史老师们却出于有失国家体面的考量，选择对学生缄口不言，倒不如说这才是真正的差异。

于是经过一番调查我们发现，应仁之乱后，与其说存在佣兵，倒不如说佣兵已经阔步横行了。"足轻"也好，"乱波"①也罢，皆是如此。我不甚了解实际情况，暂且称之为战争工

---

①日本战国大名从在野武士以及强盗中召集来进行间谍活动或担任军队领导的人。——译者注

棚，这工棚内必定有一帮人以某地痞流氓的做派结成佣兵团体，为在佣兵买卖中进行推销，还会进行装备竞赛。听闻有人将新兵器火枪带到种子岛后，捷足先登购买铁炮的的确是根来寺的僧侣，这支在战国时期以勇武著称的僧兵团神秘莫测。想来购买一挺商品样本的成本应该是由寺院承担，而据说根来的勇猛武僧们命刀匠大量赶制了仿品，可见他们除了在战场上浴血奋战之外，还通过种子岛枪的销售积累财富，样样不落。

在国内建功立业失败之人转而投身海外。这回不是瑞士佣兵，而是日本佣兵作为射击高手，在东南亚一带博得美名。

堺市为自卫而雇佣浪人是商业城市的惯例，而文禄庆长之役则为我国在对外征伐中使用佣兵队留下了例证。在秀吉动员下出征的大名，出于对家中无人的担忧等合情合理的考量，而尽可能利用临时雇佣的佣兵队。真不愧是佣兵自有佣兵做派。据说，在文禄之役中渡海的一帮人中，有相当一部分直接留下接受朝鲜优待，在庆长之役中奋斗于迎战日军的阵营之中。

这是一个即便不是教授历史课的老师也不太愿意触及的话题。不过，只要我们认识到那个年代的战争不过是一份利欲熏心的工作，而与民族主义、爱国之心无关，只要我们明白不论是东洋还是西洋,"士兵也会杀人放火"是一种被当时社会公认的常态,那么在此基础上,将历史作为事实讲述出来,就不会引发学生的误解。

中国有句俗话,叫"好铁不打钉,好人不当兵"。在中华民国初期,一个军阀横行——话虽如此,清末以来,为瓜分中国而操纵军阀的海外列强应负一半责任——提起中国便使人联想到那多如例行活动的内战的年代,我们曾听到过一些凑趣的报道,提及我们在中国征募或曰征用壮丁时采用的粗暴手段,军队没有达到规定人数队长便隐瞒不报私吞军饷的手段,等等。那时,第一次世界大战刚结束不久,我们年少懵懂,误以为那是中国特有的现象。

这种想法实在是无知至极,假如那真是中国特色,我们就必须规定英国在某个历史阶段是非常中国化的。告诉我们这些的不是别人,正是莎士比亚。在《亨利四世》中,作者让著名的约翰·福斯塔夫自我吹嘘为"我等专事偷盗之人""在许可之下进行偷盗",让作为队长的他放肆宣称"我滥用国王授予的征兵权。已经用一百五十个士兵(我尽招募那些有雄厚家底的人、小地主的儿子、有希望结婚的单身汉,收取他们的赎身钱)换到了三百多英镑"。这便是第一部第四幕第二场中,"福斯塔夫独自一人留下,表演内心戏,想到手下众多部下正在待命，伸手指点，突然放声大笑"所说的台词。或许有读者打岔，认为臭名昭著的福斯塔夫的证言不可靠，那么别忘了他是如何介绍那些为"顶替花钱买脱兵役之人而雇来"凑人数的部下的。以社会课指南的语气来说，要"令人意识到"开头引用的谚语不仅适用于过去的中国，看那几十行的介绍足矣。①

我很喜欢一句阿拉伯谚语，"与其说人如其祖先，不如说人如其时代"。跨越东西大洋，令人惊觉人类所思所为竟如此这般相似的现象不胜枚举。可喜之事也好，可叹之事也罢，祖先引以为豪之事也好，如今价值观下遭人唾弃之事也罢，总以为自己最为独特无可比拟的例子不在少数。此处例举的佣兵行为模式也是如此，若能明白佣兵即佣兵，别处亦如此，大同小异，那么不宜将其作为教材的偏见也必将消散。要说不宜作教材，恐怕这些成年人自身在国内外政治、经济或为人处世、宣传媒介等方面，展现在青少年眼前的品行，才真是极不宜作为教材的。

---

①正文所引为坪内逍遥译文。